图书在版编目（CIP）数据

自驱力觉醒 / 吕嵘著 . -- 北京 ：电子工业出版社，
2024. 6. -- ISBN 978-7-121-48045-4

Ⅰ . F272-49

中国国家版本馆 CIP 数据核字第 2024MK1395 号

责任编辑：张振宇
印　　刷：唐山富达印务有限公司
装　　订：唐山富达印务有限公司
出版发行：电子工业出版社
　　　　　北京市海淀区万寿路173信箱　邮编：100036
开　　本：880×1230　1/32　印张：8　字数：218.9千字
版　　次：2024年6月第1版
印　　次：2024年6月第1次印刷
定　　价：58.00元

　　凡所购买电子工业出版社图书有缺损问题，请向购买书店调换。若书店
售缺，请与本社发行部联系，联系及邮购电话：(010) 88254888，88258888。
　　质量投诉请发邮件至zlts@phei.com.cn，盗版侵权举报请发邮件至dbqq@
phei.com.cn。
　　本书咨询联系方式：(010) 88254210，influence@phei.com.cn，微信号：
yingxianglibook。

实现自驱式成长：在不确定的职业变化中，打造自驱力

在移动互联网时代，企业和个人都置身于快速变化的大环境中，主动求变和创新，才能跟上变化。在我们身边，"自驱力"这个词出现得越来越多。

企业在招聘时，在"专业技能"等传统要素之外，越来越重视"自驱力"。

管理学者提出，自驱型组织在当下具有强大的竞争力。

那么，如何成为自驱型个人，如何打造自驱型组织？

科技创新、产业升级是驱动企业成长的动力。

如何培养创新型人才，如何激发每个人的活力，形成全员创新的环境？

如何自驱，已经成为企业和个人发展必须面对的战略性问题。

本书共分四篇，将"自驱力"融入不同的职业情境里，探讨自驱型的个人职业发展和组织平台化的创新实践。

第1篇 显隐驱动——自驱的两个自我准备

自我驱动的过程，伴随着自我探索。这是一个打开自我的过程，除需要显性的自我认知能力外，还要有自我觉察能力，要能感受自己的情绪，寻找隐藏的心流，点燃工作或事业激情。

人们每天穿梭于各种工作流，被惯性驱使工作，是否有清晰的自我认知？如何建立独特的个人认知体系，实现系统性的自我成长？

在职业变化过程中形成的各种职业状态，如缺乏自我认同、产生沮丧情绪等，会影响一个人的自我定位。人们需要寻找到由心流驱动的工作状态，在个人目标与能力之间取得平衡，激发内在的能量。

从自我能力的认知到职业状态的觉察，先点燃自己，让自己变成驱动者，才能点燃一个团队、一群客户，驱动周围更多的人。

第2篇 自驱——自驱者自画像

本篇从个人视角讲述激荡的互联网时代对个人生存方式和工作模式的冲击。各类职场人在原有的职业轨道上发生转变，找到自驱的力量，或通过自我开发与重塑，成为"职场创客"。

不断反思自我效能的职场新人，开启个人知识技能和品牌规划的高层管理者，年过35岁、处于职业分水岭的职场老司机对奋斗还是守成的艰难取舍，在薪酬改革中评估个人能力与收益的员工，拥有多重身份、追求职业与生活融合、"斜杠式"发展的"95后"……人们在自我责任意识、自主经营能力、个人价值创造等方面开始内生式变革；在工作方式、收入来源、外部协同、时间规划等方面探索新的职业成长模式，以开放性的思维努力提升个人的职业幸福感和工作满意度。

职场创客不一定是创业者和职场精英，其自驱行为也许发起于微端，如具体岗位、任务、角色、项目、目标、工作流程、工作方式和自我管理方式等。

本篇通过讲述一些有代表性的职业经历，详细解读自驱力的特质，勾勒出职场创客的画像。

第3篇 互驱——与企业共同成长

伴随新崛起的组织形态，有哪些关键的职业群体?

平台主：平台生态圈的构建者，包括企业家/创始人、各级管理者和职能服务者等。

平台主具有"利他"的特质，在利益导向、价值理念输出等方面能够成人达己，创造开放包容的环境，为平台植入良性基因。

组织转型最常见的障碍是以自我为导向和封闭式管理。平台主要从个人强者转型为让大家"共创价值"，从组织管控转为向平台赋能。

合伙人：平台的长期驱动伙伴，对平台的品牌发展、战略发展和核心能力孵化具有更稳定和更持久的驱动力。

一个企业的员工如果只是被雇用，而不是被视作合伙人，那么就会始终面临扛起大旗另立门户的诱惑。合伙人组合自诞生起就面临角色与贡献、决策方式、价值观等各种冲突与考验。

自主经营体（独立小经营体）：平台内部的创业群体，面向市场，对用户负责，自主经营与决策。

经营者要依据自己的意愿、能力和思路等设立小经营体，而不是依靠企业规划。

从执行型员工变成自主经营者，需要动态评估经营成效，不断裂变和组建新的经营团队，以保证生存与发展。

高效自驱型团队（小型作战团队）：自驱型个人的涌现，促进了自驱型工作团队的发展。

组织对外发展多元化的灵活小团队来及时响应用户需求，提供高效服务，对内拆除"部门墙"，加强团队协作能力。团队作战成为主流工作模式之一。

每个团队成员都有自己的特质，需要不断磨合，团队才能变得敏捷高效，具有强大的凝聚力。

这些职业群体正在产生新的组织驱动力，促进平台的发展。

第4篇 **人人自驱——重塑身份，激活自我价值**

进入互联网时代，工业化时代的"组织驱动人发展"变为"人驱动组织发展"。

本篇从个人斜杠、横向跨界、灵活用工等现象讲起，探索不断深化的"不求人才为我所有，但求为我所用"的新用人模式。

伴随"个体崛起"，企业如何从固定的用工模式向人才共享模式发展，建立更广阔的人才供应链？传统用人机制，包括岗位管理、绩效考核、薪酬激励等，如何向"去雇佣"的方向突破？这是当下人力资源管理领域需要面对和解决的问题。

本书以个人视角为主，探讨如何纵深化、精细化地发展自驱力。相比从组织角度阐述，展现微观个体在具体工作场景里的突破，更能体现自驱力的着力点。

本书以组织变革的创新实践案例为背景，便于读者更好地理解在组织与个人的双向驱动中，岗位螺丝钉如何成为职场自主人。

本书读者画像：

- 希望能够自我创新的职场人
- 希望建设自驱型组织的企业
- 人力资源管理工作者
- 中高层管理人员

......

目录

05 ❯ 第5章
打造高效自驱型小团队

第4篇　人人自驱——重塑身份，激活自我价值

第 1 篇

显隐驱动——自驱的两个自我准备

显隐驱动

从组织人向职场自主人转变，意味着职场人要开启自驱型职业发展。这需要进行两方面的自我准备——自我认知与自我觉察，即从显性的能力到隐性的心流。

"格物致知"，自驱的过程就是一个"格"的过程，"格"的对象首先是自己。

职业进化之路：从手工作坊到组织城堡，再到职场创客

　　个人职业角色的微观变化，离不开职场环境的宏观改变。我们可以沿着时代的轨迹向上追溯职场环境的变迁。从个体手工业时代向工业化时代转变时，很多人要经历一个巨大的转折点，即从手工作坊进入公司化的组织里，开始整齐划一地工作。这种集中化的劳动组织模式提高了人类整体的生产效率，创造了工业文明。

　　经历多年工业化的洗礼，人们形成了新的职业习惯，即统一依据公司界定的工作职责和流程来驱动自己的行为和意识。从工业化时代进入移动互联网时代，每个人都可以快速和世界联通，交换信息和资源。这使封闭运作的组织看起来像城堡，影响组织内部对外界变化的及时感应，阻碍发展效率。

　　当下，如何打开组织对外砌起的围墙和内部设定的行为边界，提高响应内部和外部变化的能力，是组织发展的新命题。如何"以人为本"，在依靠组织驱动的管理模式中探索个人自驱模式，释放人的潜能，是组织发展的新目标。

　　趋势性变化的特点是没有哪个组织和个人能长期置身其外，

早晚要卷入其中。在自我驱动中，职场人需要对思维意识和工作方式进行创新，建设自己的新职业身份——"职场创客"。

　　创客： *本身是指勇于创新、努力将自己的创意变成现实的人。*

　　创客内心有强烈的创造需求，以人为载体，开创个人职业发展；以自驱力为指引，实现各种创意构想。职场创客带着鲜明的、新的职业特征和能力素质，包括开发自主责任意识、专耕独特的知识技能、保持奋斗者特质、规划收入结构、实现个人经营管理、成为战略性合作伙伴、设计灵活的多重职业身份。

　　职场创客是一种新的组织身份，其具有的这些关键特质更着重于实现个人价值，放大职业贡献，提高个人效能，让每个人成为一个能量场，带动组织增长。

第 1 章

显性驱动：自我认知驱动

职场人从组织人向自主人变化，必然要经历对自我认知的探索，如图 1-1 所示。

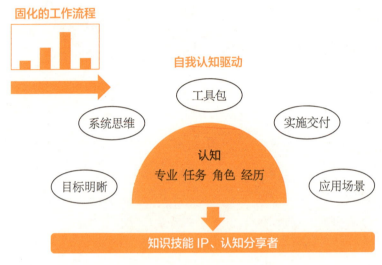

图1-1 从组织人到职场自主人

认知是对自我、他人和周围环境等的感知和解读。

对自我认知的提取，是对个人经历的不断拆解与整合，一项任务、一个角色等，由零到整，逐渐形成系统的自我认知。

自我认知的提高，是从个人认知目标到实践结果的闭环经营，最终形成自己的能力进阶路线以及独特的产品、技能等个人成果。知识技能 IP，一个对他人有价值的认知分享者由此诞生。

本章通过"自我认知矩阵"，介绍如何建立独特而系统的个人认知体系。

职场的灰色地带：自我认知模糊

工业化时代，企业管理追求标准化、可复制和高效率，从公司总体角度出发，对各项组织活动进行分解，旨在打造组织的整体执行力。

我们每天穿梭在各种工作流中，这些工作流像河水载舟一样，推动着整个公司向前发展。

很多人非常熟悉自己工作的各项流程，以至于"照流程办事"已经成为一种固有思维，鲜有人跳出流程去思考每天所做事情的价值，也鲜有人有责任和动力去改变哪怕一个很小的环节。

一件事坚持做就会成为习惯。如果在工作流中不去追求价值，慢慢地就会失去独立思考的能力，被工作流异化。如果在一个岗位时间久了，可能会慢慢失去方向，滋生出思维的惰性和行为的惯性。

如果盘点一下，我们会发现其实很多公司里都存在这样的岗位和人。

"自我认知模糊"是组织管理中的一个灰色地带。

在组织里，如果很多人都在按惯性工作，很多人的认知已形成惯性，组织就会慢慢丧失活力，甚至僵化。激发组织活力和个人活力，需要每个人主动探索自己的认知。

职场自主人要构建自己的认知体系，形成个人的认知能力，需做到以下几点：

- 建立自己的认知方向／目标，不断克服惯性思维。
- 形成独特的思维框架，开始系统性成长。
- 掌握与优化工具，提高基本的认知效率。
- 关注工作成果，从成功交付的角度进行诊断和评估。
- 在实践中提高自己的认知能力，形成个人知识技能标签，做出有辨识度的独立品牌。

跳出行为惯性，建立认知目标

建立清晰的自我认知

一个生活小区的居民楼里，有人经常堆放杂物。到了天干物燥的时节，物业人员接到居民反馈，楼道里堆放的废弃物品堵塞了消防通道，存在火灾隐患，请他们敦促主人清理。物业人员回复：清理楼道是居民自身的事情，物业只负责按时检查楼道里的消火栓等设施，保证出现火灾时能正常使用。显然，这名物业人员只是一个照章办事的"橡皮图章"，只想着如何让自己免责，而不去思考工作目标。

物业人员工作的目标是保障小区居民的安全，不仅仅是消火栓的正常使用；消防工作是为事前防范，杜绝一切安全隐患，而不是为了事后救火。

后来，物业公司加强管理，主动公示物业人员全方位维护小区环境的行动（包括楼道内的安全和卫生）。物业人员开始主动对居民进行安全和消防常识培训，引导居民参与小区管理（包括保持消防通道畅通），打破界限，与居民共建社区，获得居民的好评。

物业人员从物业管理和社区建设的新目标出发，形成了对自身工作的新认知。

要有明晰的自我认知，首先要评估自己当前的状态。从工作职责和流程中，审视自己惯常的行为、工作过程和工作的价值，重新评估工作目标，思考新的方向。

自我行为评估指标，从遵从工作流程到提出新观点及开发新工作方式逐步升级，能帮助一个人判断自己处于哪种工作状态。其具体内容包括以下方面：

- 能够遵从既定的工作流程。
- 能够根据工作任务判断需要履行的程序。
- 能够发现流程的改进空间，并提出可行的改进方案，提高流程的效果。开始积累工作诊断与优化的实践经验。
- 乐于尝试挑战标准或传统的做法，提出新颖而有价值的观点，并应用这些观点开发出新的工作方式。

聚集目标，减少认知消耗

自我认知，意味着需要对自己的工作目标和路径进行全盘思考，认知消耗常常大于执行既有的、熟悉的流程或听从管理者下达的指令。

例如，一个老板的助理，多年来一直非常稳定，不管老板怎么疾言厉色、呼来喝去，都听之任之，习惯于唯老板马首是瞻，老板一直扮演着助理的工作场景中的规划者、推动者、评判者的角色。

作为老板的跟随者，助理虽然牺牲了一些自由和个性，但不用去费心费力地规划自己的路径和做决策。久而久之，助理对老板产生了很强的依赖心理，不会脱离老板去寻求其他工作。

依赖别人的指挥来行动，认知消耗往往较小。

认知消耗低，有利于提高自驱者的动力。因此，在确定认知目标时，需要让自己的认知聚焦，减轻负担，避免空洞的规划带来额外的消耗。

如何聚焦认知目标，减少自己的认知消耗？

首先，找到自己的发力点，以最小的成本取得最优的结果，有精力和能力去实现自我增长。

其次，在这个过程中，确定自己的能力边界，经过学习和锻炼，有目的地积累，最终形成单兵优势。

管理咨询行业的合伙人，有两种不同的类型，两者的差异主要在于认知的方向和深度不同。一种是擅长做前端商务和销售的合伙人，另一种是擅长做后端项目运作的合伙人。前者强调对客户的认知，后者强调对专业的认知。两者之间有交集，销售合伙人对专业领域有一定的理解，能够实现专家型销售，但认知深度低于专业合伙人；专业合伙人对客户需求有灵活的把握，在坚持专业化方法时能够结合商务性要求。两者之间又有差异，销售合伙人的精力主要投在市场需求开发和客户沟通、客户心理与行为研究方面；专业合伙人的主要投入是产品研发、个人专业能力建设和专业团队建设。两种定位如何逐渐形成，主要取决于各自的侧重点与认知消耗的大小，在时间成本等投入和结果之间进行权衡，让个人精力和能力符合发展方向。

同时，销售合伙人需要选择某个或几个行业方向，将精力集中于对这类客户的了解，才能形成自己的独特认知，在与客户沟通时建立信任；专业合伙人需要在某类或几类领域聚焦，才能使专业能力得到提高，在服务客户时有把控力。一个人倘若像万金油一样面面俱到，不能确定自己的能力边界，最后可能疲于奔命，认知消耗高，却没有突出成果，难以持续发展。

建立系统思维，学会系统成长

人们对自己的行为惯性进行审视，提高自己的认知高度；对认知方向和认知消耗同步进行评估，确定自己能够持续发展的方向。

跳出行为惯性的驱使，要避免陷入盲目和无序的成长之中，自驱的职场人需要考虑如何系统成长。

在个人认知上，系统思考能力较弱的人通常只关注眼前的情况，思维固化，缺乏灵活性，难以梳理清楚复杂的信息。其行为表现如下：

- 注重眼前的情况，按照固定的思维模式判断各种新情况。
- 狭隘地界定问题或机会，没有考虑问题或机会的广泛影响（如对其他人或组织的影响），没有对一些猜想和推测进行全面而及时的检查。
- 要么只考虑有利条件而不做充分的准备，要么只考虑不利影响而不去行动。
- 面对复杂的信息，很难梳理清思路，往往只顾小集体的眼前利益，而忘记整体利益和方向。

系统成长的步骤

系统成长，是从局部视野到全局思维，整体规划自己的认知体系。可以从这几个步骤来着手。

1. 识别与选择自己能持续的认知目标

《思维简史：从丛林到宇宙》是一本讲述人类认知历史的书。其作者伦纳德·蒙洛迪诺将独特的认知目标作为写作视角——"人类如何发现物质构成的故事是我的最爱"，打破了按照时间顺序记录历史事件的常规，以人类历史上杰出科学家的冒险故事来切入。围绕这个目标，作者展开视野，发现了历史的诸多脉络。从毕达哥拉斯、亚里士多德、伽利略、牛顿、爱因斯坦等人类认知巅峰的创新者，到某个想把问题搞清楚的囚徒等各种身份的小人物，作者追踪了许多人探究认知突破的特质和轨迹。例如，"好奇心"对人类文明进程至关重要，它激发了创新者的旺盛求知欲。

对于个人来说，一个好的认知体系的形成，首先要有一个有新意的、自己热爱的目标，从这个目标出发，进行学习和研究，不断完善。一个自己热爱的目标才具有激发自己去探索的强大动力。

2. 梳理达成目标的关键要素，形成全局性思维框架

在《思维简史》里，作者讲述了各类人物的认知突破的经历，跨越人类浩浩荡荡的认知进化历程。那么，支撑作者完成这个独特的认知目标的思维框架是什么？

作者的身份是一名物理学者兼科普作家，他从自己的物理学研究领域出发，跨越多个研究领域，建立了独特的认知框架，对人类认知方式的演变做了独到的分析。作者因此被霍金称为"最会讲故事的物理学家"。

这个例子告诉我们，要学会系统思考，先专注某个目标，然后寻找相关线索，发现内在结构，最终形成系统性认知。

认知框架聚焦关键因素，而非事无巨细，面面俱到。

麦肯锡咨询公司曾提出分析问题的两个原则。

（1）"要关注大画面"，即经常从正在做的事情中抬起头来想一想，问自己一些最基本的问题：我正在做的事情对解决问题究竟有何帮助？它是如何推进我的思路的？这是不是我正在做的最重要的事情？如果它没有多大的帮助，我为什么还要做呢？

（2）"别想把整个海洋煮沸"，即要明智地工作，有所选择和聚焦，而不是辛苦地工作。

3. 优化自己的认知结构，打通认知框架内部的关键点，形成连接关系

系统的本质是连接，在系统思考的过程中，要善于建立整体和关键要素之间的关联性。实际上，没有能够脱离环境而解决问题的方案。如图 1-2 所示的"关联图法"就是一种有效的帮助人思考的思维工具。

关联图就是把几个问题与其因素之间的因果关系加以标示，找出关键问题与因素，进而找到解决问题的办法。

（1）关联图的意义。揭示事物的本质联系，在逻辑上把各因素之间的"原因→结果""手段→目的"关系，用箭头标示起来，以揭示和展开各个侧面，最终从综合角度来处理问题。

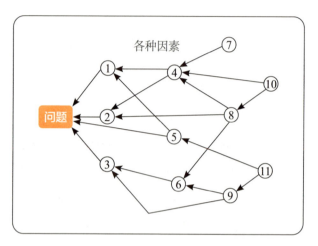

图1-2　关联图法

（2）用关联图分析的程序。以要解决的问题为中心展开讨论，分析主要原因及次要原因，以及各因素的因果或目的与手段的关系，最后列出全部因素。

- 用生动、贴切的语言简明扼要地表述这些因素。
- 用箭头标明因果关系。
- 进一步归纳出重点因素或项目。
- 针对重点因素或项目采取相应的对策。

4. 寻找外部的关联点，即自己的认知框架需要和哪些外部信息关联，有哪些领域可以跨界

系统思考是为让自己能"看见整体"。寻找外部关联，也是避免局部思考，导致本位主义。

每个人都应该有属于自己的多元思维模型，并不断在跨界思维下形成复合型知识结构。

一个人力资源管理者，了解企业的战略思路和组织布局才能成为经营者的伙伴。

设计人员要跨界学习客户营销知识，这样才会更抢手。营销人员要结合大数据信息平台的搜索和分析能力，向用户展现更具个性、实时和动态的营销创意。

新毕业的大学生先不定岗，在企业内部轮岗，建立多维思维，而不是一头扎到小圈子里，只见树木，不见森林。

年轻人想成为管理者，除了学习专业知识，还需要接受通识教育。彼得·德鲁克曾表示，最可悲的事情莫过于年轻人在商学院学了人力资源管理的相关课程后，就自认为具备了管理别人的资格。他认为，"短篇小说写作与诗歌赏析"对于培养管理者最有帮助。写作诗歌能帮助一个人练习用感性的、富有想象力的方式去影响他人；而写作短篇小说则能够促使一个人对人际关系进行细微的体察。这些都可以作为通识教育的方式。

如何培养复合型思维

复合型思维结构通常可以由"专业思维 + 多元思维"组成，既要有某一领域的专业能力，又要具备足够的多元化认知。在自己的目标专业领域要足够深，在知识面和视野上要足够广。

和君集团商学院曾提出复合型商业人才的培养思维。

1. 建设一个"丁"字形的复合知识结构

核心知识体系：产业 + 管理 + 资本。在核心知识结构的交集地带，培养出职业高手的概率较高。

辅助知识体系：职业技能和技巧 + 法律 + 文史哲 + 科学知识 + 健康和养生。

底蕴的厚度决定事业的高度，合理的知识结构才能支撑起职业高手。凡是职业高手，都是先学知识，后在实践中悟道，境界至高则法无定法。

2. 规划自己的知识地图

一个人的阅读史，往往就是其精神教育史和能力成长史。

一个人确立自己的职业目标后，就可以建设与职业目标匹配的知识地图和书目结构，循着知识地图和书目结构，持续学习，日积月累，最终形成"丁"字形复合知识结构。

例如，可以按照以下的逻辑来建设自己的书橱、资料室、图书馆和知识地图：成为顶级企业家和投资家需要什么素质、技术和能力？形成这些素质、技术和能力需要掌握哪些知识和信息？哪些图书或其他载体，是这些知识和信息的最佳读本？择取这些读本，按照学习进阶和人才成长逻辑的需要收藏和归类。

3. 建设自己的书单

每个人的知识存量和知识缺项各不相同，个人兴趣和发展取向也因人而异。每个人都可以在图 1-3 所示书单提示的知识体系的基础上，量身定制出一份更适合个人特点和需求的阅读书单。

▶ **书单目录**

第 1 章　热身序曲：悦读	21 本
第 2 章　精读管理	21 本
第 3 章　推荐中外学术期刊	40 份
第 4 章　推荐阅读报刊和网站	39 个
第 5 章　建设复合知识结构的书	627 本
第 6 章　推荐企业家观看的影视剧	170 部

图1-3　和君商学院商业人才培养书单

然后，持续建设自己的书单，观察、评估自己的知识结构和变化。

强化通用技能，提高底层运作效率

分工与选角：专家角色与通用技能、高端价值

一个由咨询公司的项目经理、各类顾问和专家构成的项目团队应该如何组建？

如何选角色是关键，这会影响项目的成本和效率，以及能否让每个人各尽其才，大家组合起来产生"1+1>2"的效果。

项目经理首先和候选人员围绕项目内容进行一次关于角色分工的讨论。

项目内容之一是对客户企业的岗位进行一次岗位价值评估。这是人力资源管理的内容。项目经理询问一个人力资源专家，能否由他来完成这个模块的全部工作，人力资源专家回答："这个模块的核心是'岗位评估模型＋岗位评估软件'，它们已经被广泛采用，有成熟的产品。我的角色做的不是能够熟练使用这些工具和主导工具使用的步骤，而是针对客户企业岗位优化的策略、难点提出解决思路。"

这位人力资源专家从两个方面讲述自己对这一专业领域的认知：

（1）了解或掌握基本的工具和方法论。这是专业认知的基本面，能保障基本的工作效率。这也是在这个领域工作的多数人都了解和熟悉的。但是，即便专家已经把这种知识技能运用得非常熟练，也很难创造比其他人更高的价值。

（2）定位成为高手的高价值点。高手的价值，在于他对复杂事物有很强的辨别力，能够提出独到的指导建议。这如同古董鉴别中的"一眼望"——一眼看出其真假、艺术价值，减少人们在黑暗里摸索的时间，提高认知层次。

项目经理虽然不是人力资源管理领域的专家，但有丰富的项目管理经验。他根据大家的建议，快速对项目角色做出评估：对于标准化的内容，专家指导初级顾问选择和掌握工具方法来完成操作；对于定制化设计、高价值的内容，由专家及项目团队的核心成员完成，每个人都能发挥自己的最大价值。

项目结束后，人力资源专家对项目团队进行了一次关于基本工具方法的普及培训，系统介绍了这个专业领域需要的通用技能及操作工具，让大家在今后的项目中能快速运用这些技能及工具，把时间和思考都投入创造高附加值的工作任务中。

现在，越来越多的工作任务都需要通过合作来完成，并且能够充分、高效地协同。每个人都有自己的经验和认知体系，各方如何快速交流和达成一致是影响合作成效的关键。

组织者可以采取"从粗到细""从重要到基础"的交流方式，从认知框架到核心价值点，再到通用技能等基础性认知，逐层交流，逐步搞清每个人的认知层次。

以工作任务协作为背景，进行认知层次分析的三个步骤

1. 设计任务框架，让合作交流变得高效

俗话说，婚姻不是爱情与爱情的结合，是细节与细节的结合。两个思维模式完全不同的人，磨合成本是很高的。

合作方可以先探讨彼此的认知框架，了解各自的认知边界，判断彼此之间存在的共识与差异。

例如，宝洁公司提出"开放式创新"概念，将产品研发部改为产品联发部，联合企业外部人才，通过技术信息平台让各项创新提案在世界范围内得到响应。

在这个过程中，宝洁发明了名为"任务概要"的合作模式：可以以"技术概要、问题概要、挑战概要"等不同形式发布任务，提出任务要求，但不透露任何产品细节。每个合作方根据概要判断自己是否有能力承接相应的任务，提供解决方案。

2. 判断任务特点与每个人的核心价值，快速进行匹配

每个人对自己的核心价值有自己的判断，和其他人的判断可能并不一致，这会在工作中带来认知冲突，导致工作不顺畅。

组织者可以先组织大家讨论各自的核心定位，分析任务的特点，然后再分工，让任务匹配合适的人员；也可以选择更多的工作方式，如通过外包与特定的专业人员合作。

3. 收集工具方法，强化通用技能，提高底层运作效率

在角色分工中，除让每个人发挥自己的最大价值以外，人力资源专家还有一个重要的视角，即分析任务完成的过程，有哪些需要具备的通用技能，有哪些可以采用的工具，以做好基础工作，保证基本的工作效率。

通用技能不是某种专业技能，它通过被更多的人广泛使用来完善和升级。在知识共享时代，人们可以通过很多渠道来学习通用技能，提高个人的底层认知能力和工作效率。

例如，咨询顾问的基本能力之一是撰写文案，熟练使用各种办公软件。因为个人偏好不同、日常学习和收集信息的渠道不同，每个咨询顾问的工具包都是不一样的。而一个专业的咨询顾问能构建出丰富的工具包，以备各种所需，并随技术的发展动态进行更新，如视频制作技能和工具等。

图 1-4、图 1-5 为咨询顾问常用的技能工具包数据图表的示例。数据图表工具包是咨询顾问分析数据时经常使用的，它包括各类常用图表及其绘制技巧、适用场景等。例如，饼形图适合做"成分"分析，条形图适合做"排序"分析，柱形图和线形图适合按时间和频率进行分析，散点图适合表达信息之间的关联性等。

管理完善的咨询公司会为每个咨询师提供这样的基础工具包，包括操作指南和入门培训，帮助他们快速掌握各类办公工具的使用技巧。

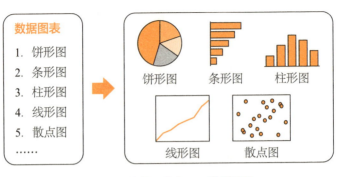

图1-4　技能工具包——数据图表

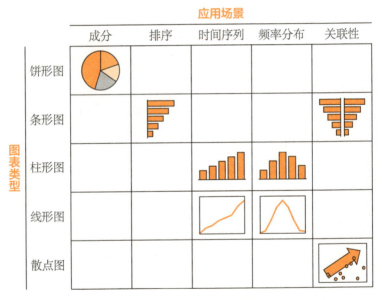

图1-5　技能工具包——数据图表应用

[延伸阅读]"任务化"分工协作

人们对于未来的工作方式的美好愿景是,每个人都能够带着自己的知识技能和工具包自由地流动和工作,在各平台上寻找和完成工作任务。

《斜杠思维——如何打造独特的自品牌》一书探讨了更广泛的工作协作方式。例如，以行业为平台，形成分工协作网络。平台根据任务的复杂程度、专业程度等特点，对工作进行"拆分"，将其分配给具有不同专业知识、技能和经验的人。而能够标准化、自动化完成的任务则更趋向于用智能软件来完成。

在管理咨询行业，一些国际管理咨询公司已经在探索这种"标准化＋个性化"的任务组合方式。

Hay（合益）管理咨询公司曾经尝试"产品＋数据＋人"的新模式，将需要利用标准化管理工具和数据支持的任务模块，外包给经过培训和认证的外部顾问，相关的认证也可以在国际上通用。

例如，对于"岗位价值评估"，管理咨询公司提供成熟的评估工具和数据库，外部顾问在咨询公司学习，获得认证，动态进行知识分享。当有这类需求的客户下订单时，咨询公司和外部顾问即能快速展开"任务式"合作，采用外包协作的模式完成任务。

基于"任务化"的外包协作，增加了合作灵活性和交易速度。平台加大对一些共性能力的开发，如通用技能等，避免对于个人重复投入，浪费认知资源。

以结果为导向，建立交付思维

在组织里，每个人都是组织链条里的一环。当组织开始变革、以个人作为单元来协作时，很多人都面临一个问题：没有独立产出，无法以结果为导向建立交付思维，无法跟踪实施效果。

例如，后台职能部门的人员，由于不直接对利润、销售、生产等结果负责，而容易形成为做事而做事的思维方式，对自己的工作成果缺少评判。

建立交付思维可以采取下面几个步骤：

（1）把工作对象视为用户、合作伙伴，分析其需求。

（2）把工作项目化、任务化。例如，职能部门的人员，可以把很多中间工作分解出任务和成果，以及明确任务要求。例如，中兴通讯的职能部门被当作咨询公司来用，每年承接若干项目，有不同的项目组直接对接公司的目标和任务，项目牵头人向公司交付能够明确界定的、高标准的成果。中兴通讯用项目制方式避免了职能人员工作成果无法量化的局面。

（3）对任务进行可视化管理。例如，列示各个任务的时间节点、完成周期、交付成果、与用户的关键沟通和任务更新等关键事项，显示任务状态，以便跟进和管理。

（4）管控任务的进度。采取对比分析的方式，分析与控制任务的进度。例如，任务推进的各个时间节点与取得的显性结果、现状与小目标之间的对比分析。

（5）复盘与系统性总结。整体回顾上述过程的成果、经验甚至细节，进行系统总结，争取形成针对某一任务的认知框架，并不断完善。对可以反复使用的工具模板进行优化，提高完成任务的效率。展示此次任务的创新价值、应用效果等，进行相应的（成果手册、成果演示文件、成果拓展应用等）管理。

建立交付思维，意味着从初始的用户需求和最后的落地实施两个角度去评估自己的认知体系，对工作进行可视化管理，把工作项目化、任务化——用户需求分析、时间节点、周期、交付成果、用户评价和实施反馈等，最终实现对自我认知的闭环管理。

在交付的过程中，明白自己的价值所在，或者对用户负责，或者对专业性负责，或者对结果负责，最终独立交付，对自己的交付成果负责。

建立交付思维，可以通过完成表 1-1 显示的操作模板来不断练习，形成自己的工作看板。

表1-1 建立交付思维的操作模板

任务周期	任务分析			用户分析			时间进度		交付状态		备注
项目阶段	工作内容	任务分解	关键挑战	对接人	关键沟通	所需时间	完成时间	交付成果	是否完成		一
一	1	1.1									
		1.2									
	2	2.1									
		2.2									
……											

打造个人 IP，提高知识变现能力

互联网知识平台的崛起，推动很多人对自我认知进行探索。越来越多的人开始精准思考自己的定位，并在此基础上形成独特的认知体系。在互联网知识共享平台上，很多人寻找用户人群，进行知识输出，通过知识变现获得收益回报，实现个人商业价值。

这样形成个人知识 IP 的人是"武林高手"。

2016 年，是 IP 崛起的一年。

IP 不一定是权威和大 V，每个人都可能成为 IP。IP 代表的是互联网时代自下而上的小人物的崛起。

IP 在文化和影视行业是指原创性的知识财产，例如，《盗墓笔记》《鬼吹灯》等广受欢迎的文学作品就是典型的 IP。它们经过很长时间的口碑积累，拥有庞大的粉丝基础，于是被改编成有号召力的电影作品。

在商界和更多领域，也涌现出了越来越多的个人 IP。例如，创建罗辑思维的罗振宇。

IP 包括知识型 IP、技能型 IP，属于内容创作者。

每个知识型 IP、技能型 IP，往往都有自己的独特认知并达到较深的程度。通过一系列打造步骤，一个人从个人身份、组织头衔里精准地找到个人价值，针对自己擅长的项目，能够自我营销，进行市场化运营。

这时候，需要从外部应用场景的角度来提炼并设计自己的形象，厘清用户画像，展示自己的特色。

个人形象标签化、视觉化设计

这里指设计个人 ID 名，或个人产品 / 服务的代表性名称、标志等。

互联网时代，实名与虚拟 ID 共同构成一个人的身份符号。ID 名一般是在需要登录的网站注册时获得的，代表一个人的身份与资格。

个人 ID 能让人更具体、更生动，以独特的方式和价值，成为个人品牌形象的一个象征符号。

"尽量多花时间，想个好名字。""晚安少年"木易说，多花时间，想一个辨识度高，具有一定的品牌感，又很容易被人记住的名字。同时，还需要考虑个人 ID 的可持续性。

《战狼2》的编剧董群，笔名"纷舞妖姬"。提起这个笔名，董群表示，自己的初心是想用女性化的名字写阳刚的故事。后来，他想换笔名，但"纷舞妖姬"已经成了 IP，为大家熟知，就很难更换了。

个人 ID 也可以体现一个人的性情特质、成长经历、自我期许等。例如，阿里巴巴有"花名"文化，每个员工都有一个象征性的花名。阿里巴巴首席平台治理官的花名是"灭绝师太"，象征阿里巴巴打击假冒伪劣商品的质量大使的形象。

厘清用户画像与核心诉求

从自我沉浸式的认知状态里跳出来，站在用户视角来评估自己的产品或服务。用户视角包含两个方面：

- 用户画像。哪些是真正的用户？
- 用户的核心诉求是什么？

字节跳动公司的企业文化"字节范"中，有一项是"不自嗨，注重效果"，即以用户为导向，来看自己的产品设计。

用户视角和自我开发视角，缺一不可。因此，对知识技能型 IP 有两条衡量标准：一是在某个细分领域有原创内容；二是能刷新细分领域的认知，对特定人群具有影响力。

例如，一个产品经理在开始工作时没搞明白产品经理到底是做什么的。在工作几年里，他一直思考并在知乎等平台上分享自己关于这个问题的看法，逐渐建立了一套产品价值观和方法论。根据自己的认知框架，他写出了一本反映产品经理认知的书。其认知框架如图 1-6 所示。

对产品经理来说，介绍认知理念是最重要的环节，围绕产品价值和用户痛点。产品价值、用户痛点决定了产品的本质意义。如果缺失价值、没有击中用户需求，产品就没有灵魂。

图1-6 某产品经理的认知框架

该书的用户群体是初级产品经理，作者的目标是帮助他们更好地入门，并探索建立自己对某类产品的系统认知。

这个产品经理基于自身的成长经验，逐步建立起一套系统认知。其内容包括：

- 需求分析和功能设计。挖掘出产品价值和用户痛点，准确找到需求，对功能和操作方式进行设计（例如，如何做用户调研、如何考虑用户体验）。

- 产品管理。对工作内容载体（文档和需求）的管理，对工作流程的管理，以及对团队和自己的管理。

- 技巧和方法。很多初级产品经理熟知产品实操技能，却没有掌握许多处理事情的技巧和方法。这一项即针对他们，即对软技能的管理和提高。

对于自媒体来说，其用户画像包括粉丝结构、人际结构等。

粉丝结构可以从核心粉、外围粉到路人逐层厘清。核心粉不仅可以与内容创作者深入互动，提供反馈，还有商业价值。美国作家凯文·凯利有一个著名的"1000 名铁杆粉丝"理论，意思是说，任何创作艺术作品的人，只需拥有 1000 名铁杆粉丝（也就是无论你创造出什么作品，都愿意付费购买的粉丝）便能糊口。"外围粉"和"路人"，意味着潜在用户。

自媒体的推广也需要分析人际结构，找到核心用户，逐步建立有效的社交关系链，不断投放有针对性的内容。不同的用户关注不同的内容和话题。例如，有的人关注创业，有的人关注动漫，你找对用户，就能和他对上话，彼此产生价值。

产品形象策划

与用户思维对应的是产品经理思维。像产品经理一样对待自己的工作成果，反复琢磨，打造产品和服务。

《创造突破性产品》一书讲述基于用户价值进行产品创新，情感、美感、影响力、人机工程、核心技术和质量等，它们被称为"价值机会"——每种价值机会都对整体产品体验有所贡献。

产品为用户创造某种体验，体验越好，产品对于用户的价值就越高。产品可以用更加愉悦的方式帮助用户解决某个问题或完成某项任务。

例如，小B奋战几日后，用Excel形式得到一个工作成果，准备交付给客户使用。最后一刻，他似乎觉得还缺少什么。他又重新审视了这张表，然后开始"修饰"工作：对表格中的术语进行中英文解读，方便客户公司不同语言习惯的人使用；对设计逻辑进行大概说明，对关键点进行标识和提示，便于客户理解和提高使用效率；对表格中的不同内容用颜色、线条等方式进行必要的区分，使整体思路更清晰……

小B对"产品"进行打磨，使其成果从内容到形式更完整，更有冲击力。这个工作成果，不仅体现了他的专业精神、职业精神，也更加人性化，对客户和自己的尊重跃然纸上，让人心生敬意。

对于知识型产品来说，产品的"情感""美感""形象""影响力"等，对于拉近生产者与用户的心理距离很重要。

作为第一个价值机会，情感体验决定了产品的想象空间。美感能刺激更多的感觉器官，包括视觉、触觉等。产品形象表达了产品的独特个性，能够使其区别于同类产品，增加辨识度。影响力体现产品为用户和社会带来积极影响和改变。

有意识地建立系统思维

要打造个人IP，意味着很多人需要在日复一日的奔忙中进行思考，提高自己的知识技能，不断提高影响力。而职场人常常面临的问题是：千头万绪，无从下手，不能形成清晰的定位；也没有进行系统性的总结，获得持续的提高。

那么，我们不妨学习一下职业晋升里的系统思维。对于职场里的自驱者来说，系统思维是在职场中谋生、发展的必备工具，没有能脱离周围环境而独立存在的问题和解决方案。一个人有能力看清并处理复杂的动态问题，就容易拥有竞争优势。

系统思维对职场里的个人会带来怎样的成长？答案是个人思维方式与眼界格局的变化。

有意识地绘制自己的职业进阶和知识技能层级表，有助于明确自身定位，找到自己知识技能萃取的方向。例如，产品经理的职业进阶和知识技能要求。产品经理的职责是理解用户需要，负责产品需求的收集、产品功能的规划等。产品经理的职业进阶如下所示（专业晋升通道 P，从 1 级～ N 级）：

- P1（产品助理）：了解现有产品的特点，能够撰写简单的产品文案。

- P2（初级／产品专员）：具有较为丰富的产品知识，能够完成小型项目的产品设计。

- P3（中级／产品经理）：具有一定的产品分析与判断能力，能够完成中型项目的产品设计，并且能够完成对外的产品推介任务。

- P4（高级产品经理）：对前沿产品和市场具有一定的敏感

性，了解外部趋势，能够完成创新业务的产品设计。

- P5（资深产品经理）：具有较强的产品运营思维，能够驾驭重大项目设计及复杂的产品线。
- P6（产品专家）：规划特定业务领域的产品线，创造新产品或推动原有产品升级。

产品经理的能力画像（知识技能等）如下所示：

- P1：至少具有运营数据分析、市场营销等其中一项能力，促进产品的发展和完善。
- P2：……
- P3：……
- P4：……
- P5：具有多种产品运营技能，促进产品的发展和最终目标达成。
- P6：能够对产品的未来进行预测、规划与部署，制定短期和长期目标。

产品经理思维，一方面关注产品的功能设计，是技术性思维，如同左脑代表的逻辑、线性思维等理性思维能力；另一方面关注用户体验，如同右脑代表的理解、表达、共情等感性思维能力。

产品经理的层级越高，将理性与感性融合的能力越重要。

刻意练习：建立自我认知矩阵

自我认知，可以从建立自我认知矩阵开始，即把自己放到矩阵里，解构与系统梳理自己的认知。

自我认知矩阵也是一个人的成长矩阵。一个人从欣赏自己或自己的岗位、角色、工作等开始，唤醒专业意识，创造最佳实践，将外部的竞争态势转化为发自内心的自我需要。

自我练习

每个人都有自己的起点和目标，或在一个环境太久后，需要重启自己的认知。那么，如何搭建个人的认知矩阵呢？如表 1-2 所示。

（1）方向 / 目标：认知方向是自我认知的指导思想，体现认知的导向性。对工作过程不断进行分析，寻找认知目标。评估自我成效，减少不必要的认知消耗。从固化的工作流程和职责中，审视自己的惯性行为，重新评估工作目标，形成新的认知方向。

（2）体系 / 框架：形成自己的独特认知和思维框架，把控关键脉络，实现系统性成长。以方向 / 目标为依据进行规划和设计，关注关键因素，追根溯源，梳理与连接关键因素。

表1-2　建立自我认知矩阵

自我认知驱动	自我觉察	自我认知目标
方向 / 目标	行为惯性 认知消耗	明晰认知目标 提高认知高度
体系 / 框架	独特的认知	建立认知框架 提高系统思维
工具 / 效率	通用知识和技能	掌握基本认知 提高认知效率
实施 / 交付	结果导向 任务闭环	建立交付思维 加强看板管理
应用场景	认知实践	实现认知输出 成为知识 / 技能 IP

（3）工具 / 效率：了解把握认知基本面，提高认知效率。了解基础认知的工具方法，建立自己的工具包。建立自主学习计划，提高认知效率。

（4）实施 / 交付：工作项目化、任务化；对用户负责，对专业负责，对结果负责；形成闭环思维。从交付和实施落地的角度，诊断与评估自己的认知体系。

（5）应用场景：在应用中提高与分享，创造内容型个人 IP。

外部实践

以字节跳动为例。字节跳动是一个包含多项产品服务（今日

头条、抖音、西瓜视频、飞书等）的大平台。字节跳动的愿景是
"Inspire Creativity, Enrich Life"（激发创造，丰富生活），让每个人
有更丰富、更有意义的经历和体验，以成就个人价值为己任。这
体现在"字节范"对员工认知方面的行为要求上。

1. 对自我的要求：不断追求认知的精进与创新

追求极致，体现了自我认知的精进：不断提高要求，延迟满
足感；在更大范围里找最优解；不放过问题，思考本质原因；持
续学习与成长。

始终创业：自驱，不设边界；拥抱变化，对不确定性保持乐
观。体现在认知上，不自我设限，不断创新，保持敏捷思维。

2. 对合作的要求：自我小，格局大，走出个人的认知局限

开放谦逊：对外敏锐、谦虚，听得进意见，体现包容精神。

格局大，想问题有高度，开阔自己的视野，建立认知高度，
能更系统地思考问题。

乐于助人和求助于人，合作成大事。每个人都有自己的独特
认知，同时也有自己的认知局限。团队合作，彼此互补，不仅实
现共赢，也能提高效率。

第 2 章

隐性驱动：激发心流

点燃自己，从职业僵化状态中复苏

小 A 和小 B 是一个事业部的同事。小 A 准备开发设计一个产品，并投入了很多的创意。小 B 也觉得这个产品的方向很好，于是暗暗与之展开竞争。小 A 和几个小伙伴充满热情，专注进行研发。小 B 没有小 A 的创意，于是从外围入手，在公司里为自己宣传造势，吸引小 A 身边的伙伴加入。

渐渐地，小 A 感觉到了这种内耗情况，选择放手，离开了公司。

小 A 走了之后，小 B 鼓捣了一段时间也没有太大的成果，慢慢偃旗息鼓，团队也散去了。

在这个例子中，小 A 是因为喜欢这个产品才去做，所以有丰富的想象力和充足的研发动力；小 B 的出发点则是与小 A 竞争，其实自己并不真正在意这个产品，缺少持续研发的热情。没有小 A 的创意激发后，小 B 也很难有开创性的进步，处于尴尬的境地。

小 A 离职后又辗转去了几个公司，没有机会做这个产品，只是按照各个公司的业务部署按部就班地开展工作。老东家和原来的团队伙伴曾希望小 A 回去重新开始。但小 A 发现，自己很难回到原地重新出发。

小 A 觉得自己开始陷入一个漫长的职业僵化期。这种僵化表现为：无意表现自己，低成就动机；很难保持持续的工作激情，也无快乐感；有人际挫败感，不愿再在团队上投入心思，没有归属感。

小 A 的内心并没有放弃塑造自己的想法，在意识到陷入职业僵化状态后，选择做一个自由职业者，实现自己的奋斗目标。但是，身份的转变并没有立刻为他带来心态的转变。不久，小 A 又陷入"懒宅"的生活状态，难以驱动自己去奋斗。内在驱动力的不足让小 A 常常陷于纠结之中。

拒绝讨好他人，对生活无欲无求，但离真正的悲观厌世又很远。这样的心理状态体现在一些和小 A 一样在职场上曾经努力打拼过的人身上。他们并非没有理想和能力，而是在和外部环境的摩擦中，内心的能量不断流失，开始产生沮丧感。

在职业经历中，脑力、体力和心力的消耗，哪个对人的影响最大、最不容易恢复？不同的人有不同的感受，但心力消耗无疑对人的影响是不容忽视的。

对于小 A 来讲，选择去做自由职业者、自主管理者、创业者，就必须面对自己的内心，重视个人状态，摸索如何从僵化的状态中复苏，点燃自己。

职场创客首先要点燃自己，然后再去点燃他人。这需要最大限度地驱走心魔，保持快乐的心理基调。

首先，在工作中调整好自己的内心状态。钱锺书说："你愈听得见喧闹，愈听不清声音。"在工作中，一个人通常因为被周围的环境裹挟，而忽视自己内心的体验。人们需要在适当的时候将自己从环境中抽离出来，通过自我觉察以更好地关注自己。

其次，平衡好个人的目标与能力，创造最佳的内在体验。

再次，平衡好自由与自律，找到能够驾驭自己的状态。

最后，建立多样化的反馈渠道，并在其中找到有效的反馈者，激发自己的状态。

[延伸阅读] 习得性无助与真实的自我

作家毕淑敏曾说，当自我形象分裂了，就意味着我们不喜欢真实的自我。

我们不喜欢真实的自我，于是把一个乔装打扮的"假我"拿给大家看。在外人面前扮演一个角色，这个角色就是别人眼中的"我"。这个角色成功了，沾沾自喜。同时，我们的自卑加重了。我们知道外界的评价都是给予那个不存在的"我"，真实的我反倒像灰姑娘一样躲在角落里捡煤渣。

如果一个人长期在职业情境里处于不和谐的状态，总是与自己扮演的角色分离，就会丧失方向感和对自我的关注，也会因为经常活在别人的漠视中产生焦虑和"习得性无助"的心理。

这种状态让一个人在遇到挑战或需要创新时，总是产生消极的心理暗示，例如"我做不了""我肯定不行"。这种消极判断也不利于事情的进展，从而影响一个人的自驱力。

如果你觉得真实的自我不够完善，那么最好的方法是让自己渐渐完善起来，而不是敷衍或欺骗自己。

你真实了，自己安全了，也会让他人觉得安全。

设计与个人能力匹配的目标

前文中讲的小 A 希望从"缺乏激情，也无快乐感"的自我状态中走出来，变成一个创客，寻找工作与生活的内在动力。

小 A 从原来的公司离职后辗转去了几家公司，始终没有找到自己的奋斗目标，最终选择成为自由职业者，在喜欢的产品方向上建立了自己的奋斗目标。

现在企业里推行的 OKR 绩效管理机制，目的也是推动员工自寻目标——变成内在驱动型的人。

设计能产生内在驱动力的目标，有两个关键点。

设计有挑战性的目标，激发奋斗动力

职场创客作为自主经营者，其目标可以分为运营目标和理想目标两类。

运营目标通常是为完成当下的经营任务、维持正常的经营活动而设定的具体目标。

理想目标是努力的方向，相比运营目标，更着眼于大局，更能激发一个人内在的动力，以及寻找突破的愿望。

有理想目标且专注的人，与临时起意者的根本区别是：后者往往跟风去做事，热度过后激情也会消退；专注的人因为热爱而去做事，经历各种困难仍能坚持。

前文提到的小 B 只是把目标设定在运营层面，只是为了取得当时的工作业绩，获得公司认可，不愿接受更高的挑战。因此，当外部条件不利时，他逐渐放弃，失去了内在的驱动力。

目标要与个人能力相匹配，激发心流

创客需要创新，需要寻找自己的奋斗目标，并从目标向结果推进。在这个过程中出现的"心流"非常重要，它能够点燃一个人的工作激情。

心流是一种将个人精力完全投入某种活动的感觉，心流出现时会让一个人产生高度的兴奋感及充实感。

- 如果人们所做的事情远超过其能力范围，就会令人感到焦虑。
- 如果人们必须做的事情超出其能力范围，就会令人感到厌倦。
- 当能力范围接近要做的事情，将激发人的动力，满足其成就感，就会令人感到兴奋。

当人们在完成具有高挑战性、需要高技能的任务时，若任务

完成度与难度达到某种平衡，就会产生这种体验。

所以，我们可以理解，为什么一些"90 后"员工在工作中喜欢清晰可见的目标和得到及时反馈，因为这样更能感受到自己的每一步成长和取得的成就。当目标跟一个人的能力相当时，工作和创造的乐趣就会出现。遥不可及的目标则往往因为缺乏吸引力而不被重视或让人无法全身心投入。

OKR 管理的基础理论就包括心流理论。

设定挑战性的目标并不断提高技能、努力达到目标，在技能提高后设定更高的目标，创造更高的业绩。个人目标与能力提高相辅相成，螺旋式上升。

面对竞争时，对手实力太强会让人感到焦虑，对手实力太弱又让人提不起斗志，而乐趣的出现介于两者之间。

例如，一个部门管理者，个人经历很丰富、能力很强，但他管理的部门绩效不佳，因而很焦虑。于是，他经常召开会议来指点大家，一个人滔滔不绝地讲述自己如何成功。然而，部门员工的绩效并没有因此提高，员工反而越来越迷茫，"不做也不行，做也不敢做，敢做也不会做"，因而产生了"习得性无助"的心理。

这个管理者的"家长式"训导和"自我中心式"优越感，一直在打击每个员工。员工在与管理者的对比中，看不到自己的长处，因为年轻缺少经验，所以总是患得患失。

这个部门管理者希望下属把自己当成挑战性的目标，但下属与他的差距过大，所以，下属一直没有被真正触动过。

这些员工要提高绩效，最重要的不是以这个管理者为标杆。

管理者可以让下属根据自己的工作情况，一步步地提高。

管理者可以采用"暴露法"，即打破原来的岗位分工，把部门的工作任务列为清单，让员工挑选自己感兴趣的任务，过段时间后再换任务尝试。每个任务都有启动的时间和完成的节点、目标，这样更易于让每个人评估自己的贡献，逐步发现自己的优势，积累自信。

一个人的自我认知如果总被群体淹没，不被上级觉察，久了就会产生自我不完整感和无力感。当人处于一个混沌不清的环境里时，往往很难评估自己的真实状态。倘若通过一些小任务和小目标，创造出一些情境，就能像旁观者一样观察自己，更加准确、客观地梳理自己的状态。

自律的人生更自由

伴随自驱的，除了自律，还有自省和自我平衡。

在上文讲的例子中，小 A 在成为自由职业者、开始自我奋斗后，又产生了新的纠结，出现"懒宅"的情况。小 A 每天都像坐过山车一样，上午是"魔鬼"，在家里忙乱，就是无法进入工作状态；下午是"天使"，坐到电脑前开始做正经事；晚上是安静的"精灵"，心里没有一点浮躁地看书、听音乐、构思……如此反复。

小 A 认为自己无法保持上班时非常有规律的工作节奏，甚至出现不能按时完成客户交给的任务的情况。

小 A 觉察到内心纠结会分散自己的精力，而新角色需要新的行为模式。

一项调查显示，休息不规律成为大部分自由职业者的常态。几乎一半以上的人在选择自由职业以后开始间歇性地早睡早起和晚睡晚起，只有 22% 的人能做到早睡早起，作息有规律。自律成了大部分自由职业者难以克服的"痛点"。

当成为一个能自主经营的个体时，"自由"与"自律"这两个词就如影随形地被"捆绑"在一起。如何平衡好这两个方面，既能对自己负起责任，又不陷入被条条框框束缚的生活之中，让自已进入一个和谐的状态?

保持清醒的自我意识

一个人要思考自己的定位和选择，包括能做什么、不能做什么、能不能做好、能做出的承诺有哪些等。

例如，对于风险高的业务或客户、口碑欠佳的合作者，选择时要慎重，评估自己是否有多余的精力去处理超出正常范围的事务。

对于公司来讲，如果一个合作交易有风险，就会有专门的法务部门或专业人士从头到尾进行监督，为公司争取合法权益。这也是公司员工可以专心去做的事情。但是，对于一个自由职业者而言，如果缺乏精力，没有足够的外部资源来协助对这些事进行处理，那就需要事先评估，防范风险。

身份的转变带来的各种心理失衡，会慢慢加剧一个人的心理焦虑，使其质疑自己无法独立做事。

例如，曾经在公司里有较高职务的人，在成为独立个体后容易思考如何继续呼风唤雨。身处高位的人有下属或团队来协助自己完成工作，如果没有了相应的资源，这些人可能连基础的工作都做不好，如使用各种电脑软件。

所以，请保持自我设问的视角：如果没有组织赋能，我会变成什么样的人？

自由职业者要分辨组织为自己带来的优势（如大企业的品牌、

职务、权利、团队资源等）和自己独有的优势。找到自己的核心能力，才能发展自己最认同的个人身份。

创建时间与任务管理清单，控制注意力

如同硬币的两面，自由的另一面是自律。每个自由职业者都要总结自律的法门。

过度自由非常容易让一个人变成拖延症患者。因此，我们需要思考：时间节点怎么划分？如何把握工作的规律？

在自主管理时，由于没有外部的监督，人的压力陡增。自由职业者可以像"人格分裂"的人一样，在脑子里保持有两个"小人"状态：一个小人代表理性，另一个小人代表感性。

代表理性的"小人"负责对自己的时间和任务进行管理，即主动推动自己做事，增强自我控制力，让各个时期内需要被关注的事都能进入日程中。

制订时间计划表是非常必要的手段，即便计划没有完成，也要如实将其记录下来。总之，要保持对自己进行管理的状态。例如，有个作家每天都用几小时坐在桌前写作，即便当天头脑空空，也会要求自己坐在那里，以形成写作的习惯。

尤其刚开始创建计划的时候，更要让自己从计划的执行状态里找到自己生活、工作与社交的规律，打理好内外事务，保持个人习惯和特点。逐渐让个人计划符合自己的需要，不断调整，找到自己的舒适区，并喜欢上新的工作和生活方式。

代表感性的"小人"负责用事去推动人、不去刻意计划，而是就事论事，推动自己完成具体任务。任务来了就立刻去做，不要想太多，以防产生懈怠心理。在做事的过程中要进入状态，以工作结果为导向，激发自己的信心和欲望。

很多创业者、企业家都是执行力超强的人，他们想到一个想法后，往往很快将其付诸行动，在行动过程中再去思考和筹划。自由职业者的时间和工作任务不一定是稳定不变的，需要平衡好时间、任务和自我状态之间的关系。他们要在碎片化的工作模式中，养成"任务来了就能战斗，没有任务也能气定神闲地做研发"的心态。

完美的自我管理常常难以如愿。绝对自控不如随时入定，即让自己能随时开始工作，哪怕在一天的最后一刻去开始，也胜过没有开始。

计划意味着节制，所以制订计划时需要有一定的弹性空间，保持灵活度。

自由职业者始终是职场人心心念念的"彼岸之花"：没有朝九晚五的职场生活、没有固化的人际关系、个人身份不用被别人塑造、发展也不必按照被设定好的框架……

一个人贴上"自由职业者"这个标签是一瞬间的事情，但内心的修为需要过程，不是一朝一夕能做到的。所以，心理建设很重要，只有保持内心笃定和自信，才能更好地释放自己的能量。

锻炼自律和自控，使我们在任何时间都为成为自由职业者、自主管理者而做好准备。

[**延伸阅读**] 从马斯洛的五层次需要，重新定义工作和生活（引自《斜杠思维——如何打造独特而强大的自品牌》）

腾讯对"95后"的择业取向进行的调研显示，年轻一代渴望有更灵活的时间表，自由选择工作并赚到更多的钱。他们喜欢独立和拥有控制权。换言之，他们选择更接近自己理想的生活和更理想的生活状态。

马斯洛的五层次需要理论，可以用来分析斜杠青年对工作和生活的重新定义。

1. 生理需求

生理需求是人类维持自身生存的最基本要求。

日出而作，日落而息，是人与自然节气相呼应的生活状态。

按照自己的时间、坐标、身体、情绪来安排起居，达到最和谐的生活状态。

拥有时间规划的自由，自己定制工作的小目标、休假目标，按照自己设定的节点管理自己，不用像机器人一样按一个时钟去停或摆。

拥有自己的选择自由，不用按照既定的模式生活，自由切换频道，例如陪伴家人、以不同身份生活。

拥有自己的坐标，工作不受地理位置的限制。互联网时代，传统到公司集中办公的方式被移动办公取代，到固定的公司工作被网络协作办公取代。

2. 安全需求

安全需求是人类保障自身安全、摆脱威胁的需要。

在自己选择的身份下，人们会产生主动学习的自驱力，不仅有助于独立思考，而且所学与所用一致，学习与输出一致，能增加自我掌控的能力。人们不是为企业而学，也不是为追逐别人而学。

在自己的身份下，各种投入和努力可以累积，被市场看见。人不依赖任何平台，才能获得真正的安全感和归属感。

3. 对归属和爱的需求

归属和爱的需求：一方面是指对友爱的需要，即人们都需要伙伴之间、同事之间关系融洽；另一方面是指对归属的需要，即人们都有归属于一个群体的感情需要。

斜杠身份意味着对身份的细分，在互联网平台上可以找到志同道合、意气相投的人及社群。因为有共同的爱好，彼此往往具有比同事、普通朋友更深的理解，也少了一些功利心，关系往往更长久。你分享的东西有人需要，有人能懂；你分享自己的价值观，更会得到被认同的感觉，也就更有归属感。

所以，一些自由职业者并不一定是在孤身奋斗，他们往往更珍惜自己所在的圈子。

"物以类聚，人以群分"，人们打破了空间限制，实现了真正的"同类"相聚。

4. 对尊重的需求

对尊重的需求，是人类希望自己有稳定的社会地位，要求个人的能力和成就得到社会承认。

互联网是"网格化"的，每个人都是一个中心，从"以他人为中心"转变为"以自己为中心"。每个人有自己的能力标签，找到属于自己的细分领域，并努力打造自己的标签，提高被认知度。

5. 自我价值实现

自我价值实现，是人类实现个人理想，将个人的能力发挥到最大程度，完成与自己能力相称的一切事情的需要。

做自己热爱的事情，找准自己的定位，随能、随愿选择职业，实现自我价值。

置身开放的交流圈，找到有效的反馈者

小 A 刚开始做自由职业者时，一个人就是一支队伍，但常常陷入孤军奋战、没有方向感的焦虑之中。

小 A 意识到自己需要有开放的交流圈，找到有效的反馈者。

如同自由职业者一样，独立奋斗的职场创客需要在进行创新的路上找到有效的反馈者，让自己保持足够的认知。这样的反馈者不一定在企业里，有固定的工作关系，进行常态工作反馈。

开放的交流圈需要多样化的社交渠道，每个人从中寻觅自己的反馈者。以下两类开源渠道非常重要。

平台和用户的动态反馈

创客需要在目标用户群中寻找需求或创造需求，对自己的专长或产品、服务进行测试，对市场进行研判、验证需求。

亚马逊前中国区副总裁、领英专栏作者"Peter 哥"，在成为自由职业者后，四处"做加法"，在分答、喜马拉雅等众多内容分发平台上做视频、音频培训等，不跟某个平台签约，只是充分利用平台的资源。然后，他慢慢"做减法"，找到自己的定位，做自己专精的内容。

创客可以和平台运营者一起，针对平台上的用户需求进行分析，策划并推广自己的产品，维持与平台的合作关系。久而久之，创客既能获取平台方的关注，又能获得深度的体验。

同时，创客还可以持续观察平台上其他人的成长过程，总结别家的用户或粉丝如何"从 0 到 100"，再到更多。如果忽略这些过程，直接跳过去看结果，就失去了获得新能力的机会。

在关注平台的同时，创客也应多关心平台的战略规划、最新动态，包括平台创始人的言论和目标（这些都暗含着他们对平台商业模式的解读和布局），从而使自己与平台同步发展，抓住平台发展中的机遇。

只有深度嵌入才能获得高价值的反馈。

合作团队的反馈

成为自由职业者后，小 A 逐渐结识了新的合作伙伴，建立了灵活的合作方式。他有了相对稳定的团队成员，对彼此的特点有充分的了解，相互包容和互补。他也有了灵活的外围"小插件"，这些合作伙伴在有任务需要协作时能够紧密合作。这些都是小 A 核心圈子里的伙伴，日常交流信息，能得到他们的快速响应。

小团队的核心驱动力之一是团队成员间能够及时反馈。这样的社交行为是一种自律性的行为。

一个团队负责人有一个令所有和他交往过的人印象深刻的特质，即无论多忙都对信息及时反馈。为保证大家对反馈的"及时性"有共同的认知，他特意做了注解并事先告知所有员工，让大家敦促自己执行到位：

- 对每条信息的反馈一般不超过 24 小时，尽可能在 8 小时内回复。
- 特殊时期，例如参加重大会议、出差，反馈时长不超过几日。
- 不在晚上与朋友聚会饮酒后反馈意见，保证自己在头脑清醒的时候反馈，对信息负责。
- 对重要的、紧急的事项，采取更加直接的沟通方式，如直接打电话询问。
- 与一线员工建立直通车机制，减少沟通层次。

这个团队负责人是一个有效的反馈者，他赢得了大家的信任。

在团队中，让信息尽可能同步，不仅使社交关系变得稳固，也是给予对方充分的尊重。人与人之间长时间无缝沟通，信任和默契也会随之增加，能激发出整个团队的良好状态。

腾讯游戏学院曾经发表管理实践经验——如何促进团队的正能量循环。

在一个团队内，一般核心人物或者骨干占 30% 左右，这部分人是团队的支柱和重点关注人群，必须纳入团队的正能量循环圈，并且起到正能量宣传的主要作用，把相关信息通过各种渠道传达给另外 70% 的人员。一般人员占团队 60% 左右，对其中关心产品数据和工作价值输出的人员，相关宣传工作必须到位，尽量保证这些人感受到正能量的不断循环。团队中剩下的其他 10% 的人员，鼓励但不强求将其纳入正能量循环圈中。无论团队处于上升期或者下滑期，都无法保证所有人员都在正能量循环圈内，但还是尽力将人们都纳入其中。

通过正能量循环，打造"团队工作能力提高→产品数据提高→组织业绩提高→个人收益提高→团队工作能力提高"的循环圈，可以帮助团队理顺个人、团队、产品，以及团队所在组织的关系。

如果团队多数人都是成长型思维模式，那么整个团队氛围就会表现为成长型思维，整个团队对团队本身的评价会比较客观，对于成功或者失败的态度会更加积极，更容易成为一个基于现实的乐观积极的团队。

成长型的个人需要置身于开放的交流圈中，获得有价值的输入源，同时成为反哺外部环境的价值输出者，自身也成为一个"有效的反馈者"。

有效的反馈内容包括哪些方面呢？

- 动态的、开源性的反馈：平台的运营信息、用户的点评、朋友的持续关注和对自己的点拨等，让一个人的思路更清晰。
- 多视角的反馈：对产品的体验、对价值观的挖掘、引起的共鸣等。接触多方位的反馈信息，能够让一个人的心态和认知更完整、更成熟。

第 2 篇

自驱——自驱者自画像

自驱

在互联网时代不断激荡的发展变化下，个人工作模式、生存方式正在从原有轨道发生改变。各类职场人自我开发与重塑，通过自我驱动建立新的职业成长模式。

第 3 章

做有自驱力的职场创客

自我开发：成为自主责任体

成为职场创客，首先要思考：如何挖掘自我责任意识，成为自主责任体？

1. 担任发起人角色，以结果为导向，推进工作落地

D 公司一直在推进员工的自驱文化建设，致力于在工作系统中的各个环节导入每个人的自主意识。这一理念在 D 公司的行政管理上就体现得淋漓尽致。

作为跨国公司，D 公司经常有人员内部调整轮岗。每当办公桌需要更换主人时，办公桌钥匙的交接就成为一项细致但很重要的工作。如果交接出现异常（例如，上一任主人已经去了国外，不能亲自交接，需要将钥匙邮寄回来或重新配制等），新主人就要主动跟进钥匙的行踪，及时把异常信息推给行政助理，并在系统里紧密跟进——"follow"，直至事情完成——"done"，从而使"交接"工作从"发起"到"完成"实现闭环。

"done"文化是一种体现自主性的企业文化。谁有责任最终完成任务（done），就必须有相应的交代。如果不是自己的责任，也要将任务移交给对应的人员去"done"。每位员工都应以结果为导向，来对待自己主导的工作。

在 D 公司的工作系统里，许多流程由员工自主发起，工作状态从"发起""跟进"到"完成"，每个人都能在这样的工作模式里培养自主责任意识和工作方式。

相比这样的自驱意识，在现实中更为常见的现象是，很多事情有开端，但无人跟进，或没有人主动推进其朝更好的方向发展。

2. 积极承担工作职责，以责任为导向，不自我设限

积极承担工作职责，意味着打破工作中的界限，强化自己的责任意识。这可以体现在几个方面。

对工作不设限，主动担当。相比固定的岗位职责，有自驱力的人更能发挥主观能动性，不受固化的职责约束而画地为牢，不割裂事情完成的过程而影响工作效果。他们主动完善有缺失的、没有明确的工作职责，不钻空子。与他人协同工作时，他们不会推诿扯皮。

对自己的能力不设限，主动思考和学习，创造性地完成工作任务。始终保持从 0 到 1 去创新的心态，激发自己的探索欲望，而不是躺在已经取得的知识和经验上循环往复，自我束缚。

对工作成果不设限，输送自己的价值，只为最佳结果而努力。软通动力信息技术（集团）股份有限公司的文化价值观里有一条是"稳健可信"，要求所有员工将最好的结果交给下一环节，使得对内对外都得到信赖。

以工作结果为导向来评估自己，以对工作不设限来要求自己，能为个人成长带来哪些价值？

1. 以结果为导向，主动推动问题解决与工作落地，能提高判断力、决策力和创新力，从而更好地完成工作任务

让我们看一个例子。

"90后"小R初入职场，没有太多的工作经验，但这没有影响他的工作热情。

在一次临时搬家任务中，小R被指派代表部门协助行政部门的工作，即在行政部规定时间内配合搬家公司完成工区内所有物品的搬离。

小R统计搬家物品的数量和大小，分门别类地贴上标签，计算所需的纸箱和占用的空间，并反馈给行政部门，以安排所需的车辆。

小R所在的部门人数众多，实行弹性工作制，大家上下班的时间不一样。小R设计了行动作业表单，把行政部门的通知细化成各项行动，列出了所有必要环节、时间节点要求和所需资源等，让每个人根据这个工作表合理安排自己的工作。

为保证没有人"掉链子"，小R还按各时间节点进行督促和检查，在部门内部公示整体工作进展，对工作滞后的人员重点提示，对特殊情况例外处理。

小R以结果为导向推进这项工作，通过对任务的分析、判断和缜密的计划安排，高效地响应公司的整体进度安排，提高了判

断和决策能力。同时，他主动思考如何降低成本，包括行政资源（物料、车辆等）成本、同事的时间成本（最大限度减少行政事务性事项占用的时间）等，从一个小活动中获取了系统的组织管理经验，并对活动的重要环节进行了创新（设计管理表单等），提高了自己的创新能力。

互联网时代，组织越来越扁平化，上级向下级授权，基层员工的自主管理权限不断扩大。基层员工不用被动地听命于上级，就意味着需要承担起各种责任。判断力、决策力、创新力会成为职业发展的核心能力。

2. 工作不设限，积极承担工作职责，提升自我效能感

自我效能感就是对自己可以完成某项工作或任务的自信程度。从量到质，一个人努力完成工作任务，能提高自我效能感。自我效能感高的人，自信程度和对别人的帮助也会增加。

个人的投入不同，产出也不同。一个人对自己的工作不在意、不上心，虽然工作付出减少了，但自我效能感没有得到提升。

"STAR"是一个用于回溯个人在某种情境下的关键行为和结果的思维工具。一个人有哪些关键的经历和体验？努力扮演过哪些角色？做出过哪些贡献？取得怎样的成效？自我感觉怎样？每个人都可以用 STAR 模型来评估自己的工作状态与效能。

"STAR"分析法具体包括四个要素：

- Situation（S）：情境。了解事情发生的背景，即经历与背景。

- Task（T）：目标。了解要达到的目标、需完成的任务，即任务与路径。

- Action（A）：行动。在上述情境中采取的行动、承担的角色，即角色与行为。

- Result（R）：结果。采取行动产生的结果与效能。

小 R 的 STAR 分析与评估。

情境（S）：体现小 R 突出贡献的工作情境包括一项工作任务的完成、一段工作经历的总结、一个工作流程的优化等。小 R 在这些情境中都有有效的工作产出。

目标（T）：始终从 0 到 1，追求做得更好。小 R 是一个很好的自驱者。

行动（A）：参与各类工作任务时的角色和行为表现。小 R 在很多任务中主动承担职责和有独特表现，能主动思考和创新，做到自我管理。

结果（R）：各类任务的行动结果，并与工作要求进行对照和评估，自我反思，以更好地完成任务。

下面以小 R 有突出表现的几类工作情境作为例子。

工作任务：在上述搬家任务中，小 R 对这项行政组织工作的自我要求是流程规范化、操作简单化、任务节点清晰化、不断跟进与检查。他通过 PDCA（计划—组织—执行—检查）的闭环管理，使自己从执行者变成管理者。

工作经历：总结工作经历中的亮点，并梳理成系统的工作文档（如常见问题、解决思路、对标案例等），提高了工作质量，拓宽了工作视野。乐于分享，在公司的信息系统里与上下游工作伙伴共享文档，互助互驱，提高了内部合作的满意度；给新同事开放文档阅读权限，引导新人成长，其工作文档被同事评价为"工作指导白皮书"，获得很高的阅读率。

工作流程：在工作流程中，及时提出改进建议，推动流程目标的达成。

运用 STAR 分析后，部门可以给员工一个总体评估结果——低于预期、符合预期或高于预期。

在三个评价中，部门对小 R 的评价是"高于预期"：能够持续履行职责，经常超出预期；能够持续在工作效率和质量上达到工作要求，并经常超出要求，获得组织内外的满意评价。

所以，我们要明白的是，从在岗创新开始，每个人都具有成为创客的潜质。创客具有很强的责任担当意识，通过认真履责，提高工作效果（工作数量、质量、效率、成果输出等），提高自我效能。同时，创客对上级和周围人会有积极的影响。

[延伸阅读] 自组织——小组织、自驱动

组织发展的趋势之一是"自组织"，把公司变成一个个小组织，实现自驱动。在自组织的管理模式中，通常没有固定的工作分工，没有固定的管理人员，没有明确的等级约束，只有不断更新、变化的各种任务和角色。每个人选择合适的任务和角色，扮演创客的角色。这个角色的内涵是：

- 改变唯上意识，从听命于人变为主导者。责和权统一，能够自主决策，工作方向是思考"我如何把事情做好"。在每个人、每个小组织的自主推动下，整个组织不断自我优化。

- 具有创新思维，内心有强烈的创造需求。在成长为创客的路上，要勇于打破固有的经验和方法，创造性地思考与解决问题。勇于改变传统的工作流程和工作方式，最大化地提高工作效率与工作质量。

每个人在成长为职场创客的路上，需要以开放性和创造性的思维，进行与众不同的自我实践。

[延伸阅读] 创造型岗位——独立判断和决策能力

未来，很多标准化的岗位和职责可以由信息系统、人工智能替代，更适合人发挥主观能动性的岗位是创造性岗位。例如，财务岗位，从基本的会计记账功能上升到财务分析功能，岗位职责中的创造性要求在增加，前者可以由财务信息系统来完成，财务人员的作用更侧重于后者，通过财务分析为公司的经营决策提供指导建议。财务人员需要进行能力升级，使自己成为"管理会计"，以适应职业变化。

《哈佛商业评论》发表《人才经济时代的崛起》一文，作者罗杰·马丁是多伦多大学罗特曼管理学院院长，被誉为"2009年 CrainerDearlove 最具影响力的 50 位商业思想家"之一。马丁通过市场研究指出：一个世纪前，最珍贵的资产是自然资源（如石油、矿藏），掌控和开采自然资源的公司市值遥遥领先，劳动力的价值低于自然资源和资本的价值。从 1960 年起，岗位需求开始转变，需要创造力的工作岗位大量涌现。1960 年，创造型岗位占所有工作岗位的 16%，1960 年前的 50 年间这一比例仅增长 3%，而在 1960 年后的 50 年间，这一比例增加了 1 倍多，在 2010 年达到 33%。随着创造型岗位的增加，独立判断和决策能力被纳入工作要求。

　　岗位需求变化的背后是新的人才经济的崛起，而转变思维、拓展自主性与创造力将是"重塑人才经济"的最优解决方案。这是一个划时代的转变。

自我深耕：成为知识技能 IP

从总监到个人 IP——小 D 的知识 IP 化之路

小 D 在一个集团型企业里做 OD 总监（OD 是 Organization Development 的缩写，意为组织发展），这是时下比较热了的一个岗位，它的主要职责是：

- 制定组织发展战略；
- 引导组织创新和变革等。

在 OD 总监这个岗位上做过一些深度的管理实践，积累了个人的操盘经验，小 D 也被周围人开设公众号、成为内容分享者的潮流影响，希望自己的职业生涯规划从向管理层继续晋升转向发展个人品牌，成为知识工作者，通过创造和分享知识增加个人的社会价值，即知识 IP 化发展。

- IP，英文 "Intellectual Property" 的缩写，直译为 "知识产权"，这是 IP 的本义。

- 个人 IP，指互联网上有用户影响力的内容创业者，范围涵盖网红、大腕和普通网民等各个群体。

- 个人 IP 化生存，是互联网时代的主流个人发展模式之一，也是职业发展的一个新趋势。每个人都可以通过体现自己的独特价值来建立个人形象，开拓职业发展的路径。

- 知识技能 IP，是通过对个人知识技能的打造实现个人 IP 化。

如何 IP 化发展？这是一个新目标，小 D 需要制订一个个人 IP 的打造计划。

1. 个人知识技能的规划和优势开发

首先，是对个人职业角色的认知，包括下面的内容。

（1）角色内涵与职业发展路线：小 D 在 OD 总监高层岗位任职，对这个岗位的任职要求有系统的了解。任职者如何从初级向中级、高级晋升，如何进行知识升级，即处于不同职业发展阶段的人应该掌握的知识点是什么。

根据自己的体验，主动思考职业角色的内涵，帮助自己及其他人确定个人定位和发展阶段。

（2）周边角色内涵与沟通协作：分析职场关系链、主要工作关系，对如何推动工作分工与协作进行总结。例如，OD 总监与 TD 总监（Talent Development，人才发展）两个关联密切的岗位之间的职责划分与工作协作等知识技能，如何推动组织发展战略落实到人才发展工作中。

主动理解自己和周围人的工作角色，能换位思考，帮助他人换位思考，不画地为牢，扩大对工作的认知面。通过激发彼此的职业自觉性，相互协作，提高工作成效。

其次，是对个人专业知识和技能进行规划和总结。

（1）专业基础和知识底蕴：包括专业和学历、培训经历等，体现个人的知识储备。

可以通过自己在实践中对理论的理解与运用、对知识点的解构来形成自己的知识脉络。例如，在组织设计过程中，小 D 结合理论学习，对影响组织设计的基本要素——管理幅度、管理权限——的解析。

（2）关键经历和情境知识：和个人主要经历有关的情境知识和技能。

例如，作为集团型企业的管理者，小 D 对集团管控方面的工作思路进行创新。这也可以是针对一些典型的工作场景设计的工具方法，例如小 D 运用游戏化管理等方式对组织沟通策略进行创新，或对工作中遇到的问题进行解答。

（3）关键绩效和专业知识：在工作履责过程中取得绩优或绩效合格后获得的知识和技能，或者是因失败积累的负面经验。通过总结经验，对工作进行反思，以规避风险。

例如，小 D 对组织变革中的定岗定编任务，从正反两个方面总结成败得失，积累推动重大变革的经验。

（4）案例研究和知识迭代：对外部事件、变化趋势的动态跟踪，体现外部视角下的知识更新。

例如，在足球世界杯期间，小 D 从组织设计的专业视角对各支球队的阵型予以解析，提供专家建议。对现象级案例进行解读，如小米公司高速发展后的组织发展模式。对前沿发展进行预测，如区块链时代的组织形态。

另外，个人 IP 化发展，还需要加强个人形象的设计，用关键词概括、突出自己的典型特质，包括个体角色、发展目标、专业基础、关键经历和关键绩效等。和职务头衔相比，成为知识技能 IP，体现个人价值的是知识技能的深度、广度和实践。所以，对专业基础、个人经历和工作绩效中的知识技能进行提取尤为重要。

小结一下，个人知识技能规划的内容包括以下几方面。

（1）对理论、模型、方法论和工具等有创新理解和应用，不要因循守旧，而要推陈出新。

（2）对隐性知识的开发，如工作中的空白、模糊、存在的隐患或问题、需要优化升级的方面等。

网龙网络首席知识官唐兆希认为，当前很多行业的隐性知识还没有被挖掘出来，很多领域仍存在非常多的空白点与盲点，需要更多人进行创新性开发。

（3）对外部案例的研究。关注前沿领域，从自己的专业视角进行解读，提出预测性、专业性或提示性建议，拓展、丰富市场实践成果。

个人知识技能的提取来源包括：理论知识和模型、岗位专业知识技能和工具方法、情境性应用知识（根据应用场景细分），以及对典型案例的追踪与研究（对某领域或选择的案例进行长期跟踪与研究）等。

知识技能的专业化发展，往往体现在对深度和广度的探索上，例如知识成果的系统性、结构化，应用场景的细分等方面。在自我探索的过程中，不断用这些标准来检验自己，也能帮助自己形成独特的知识框架。而有规划地进行知识积累和系统思考，也能附带进行资料收集和归纳，夯实专业基础，以待厚积薄发。

找到自己的优势项目，重点投入和深度研发，不断超越。例如，从个人的关键经历中取得的经验，满足市场用户的此类需求。例如，小 D 对"组织发展"领域中的组织诊断和组织变革方面更有经验，这成为其重点打造的标签。

对企业来讲，也需要进行思维创新，扶持小 D 这样的员工，甚至树立员工个体知识品牌，共同开发组织的知识资产。

海尔集团开发知识平台，建立知识数据库，挖掘隐性知识。

张瑞敏认为，挖掘海尔集团的隐性知识是组织实践的关键，最重要的是把所有的隐性知识的价值发挥出来。说到底，就是把每个员工的价值、能量都充分发挥出来。

每个岗位说明书规定的标准化的知识技能要求，不能涵盖生动鲜活的工作实践。组织要让每个员工成为知识技能开发的主体，并吸纳其知识成果。基于此，海尔集团打造知识交互平台与资源库，包括知识生产者数据库、隐性知识数据库、组织知识数据库等。张瑞敏提出："谁能够创造价值，谁能够创造知识，谁就到平台上来。"

2. 建立个人品牌和市场影响力

互联网知识平台的兴起，让个人知识技能的成长与发挥不再受限于组织内部，个人成为知识平台上的内容生产者和供应者。

小 D 对个人知识技能进行规划和开发后，继续进入互联网内容平台拓展，成为内容平台的创作者。

首先，完善个人形象设计。

在专业形象之外，增加体现自己人格化特质的标签——好奇心，表达自己喜欢探索和学习，增强用户对自己的感性认识。

设计体现个人身份的标签——企业 OD 总监 / 特约撰稿人 / 讲师 / 自媒体。用斜杠表现自己的多重身份，进行多元化的自我营销。

其次，针对个人具有的知识技能制订平台发展计划：需要加入哪些平台？平台的定位和资源是什么？

根据对平台的定位和资源分析，确定与平台的合作模式。例如，对于做垂直领域的平台（针对人力资源管理者的内容平台），其用户和粉丝资源与小 D 分享的内容有很高的契合度，与平台的合作模式主要是签独家合作协议，优先保证在这类平台投放内容。

分析自己的主要用户的定位，掌握他们的需求。小 D 的内容分享主要针对企业用户，尤其是大中型企业，具体的用户角色包括 HRD（人力资源管理总监）、HRBP（人力资源业务伙伴）、总经理等高管。

分析主要竞争者的定位，研判自己的竞争优势。小 D 对在互联网模式下进行组织创新有比较领先的研究，所以，来自互联网领域的 OD 总监是小 D 的直接竞争者。

最后，小 D 希望以出版图书的形式，梳理自己的知识成果，建立个人品牌。

从个人形象的设计、知识技能的打造到合作平台的开发，形成自己的营销推广策略、市场影响力和盈利能力，逐渐向专业型选手的路线发展。小 D 的个人 IP 规划、平台规划、个人知识产品规划如表 3-1 ～ 表 3-3 所示。

表3-1　个人IP规划

项　目		内容规划
OD 总监角色认知	OD 总监内涵与职业发展	OD 总监职业晋升路线与任职标准
	OD 总监关系链解构	OD 总监与 TD 之间的分工与协作
内容维度（知识/技能/应用场景）	理论理解	经典组织解构：科层制组织解构；组织设计——管理幅度、管理权限设计
	工具方法	组织诊断五大方略；组织管理手册
	应用场景/答疑解惑	集团管控 17 项概念与九大运作思维；组织瘦身大法；定岗、定编、定员、定额、难点解析；组织沟通策略（高效会议、游戏化管理设计等）
	专业视角与市场热点解读	世界杯足球阵型——组织布阵解析
	前沿发展、现象级案例追踪	海尔集团的组织变革本质；小米公司的组织发展；区块链时代的组织形态

表3-2　平台规划

平台画像	平台定位和资源	
平台合作模式	平台定位：垂直领域、独家签约	平台资源：用户 / 粉丝
主要用户定位	B 端：企业用户、新兴大中型企业	用户角色：HRD、HRBP、总经理等
主要竞争者	互联网企业 OD 总监	竞争者：阿里、腾讯等

表3-3　个人知识产品规划

知识产品	市场空间	价格定位
图书出版	自品牌建设	—

3. 创造独特价值，成为引领型人才

从规划和开发自己的知识技能，到成为内容创作者、建立市场影响力，再到成为有独特价值的知识技能 IP，小 D 知道这需要长时间的内容积累和持续运营。

2020 年，63 岁的阿木爷爷拍摄了一系列体现手工制作的短视频，登上了微博热搜，也火爆国外。他在 YouTube 注册 2 年后视频累计播放量超过 2 亿次，单条视频播放量最高超过 4000 万次，拥有 118 万名粉丝，形成强大的个人品牌效应，激发无数人对中国传统制作工艺的兴趣。阿木爷爷被称为"当代鲁班"，这背后是他13 岁开始学艺后从未间断的钻研。

要打造个人 IP，就需要将眼光放宽，主动自我赋能，不断提高职业标准，在某一领域成为引领性人才。以技能型人才为例，近年来职业竞技标准不断发展变化。

2020 年，国家将由政府认定的技能人员水平评价改为实行社会化等级认定，这项变革为全社会关注。这意味着技能人员的职业技能等级认定，今后将由市场动态决定，社会化认可与检验成为技能人才成长的新动能。

世界技能大赛被誉为"世界技能奥林匹克"，是高技能人才的竞技平台。在第 45 届世界技能大赛中，中国位列金牌榜、奖牌榜、团体总分第一名，涌现出高技能人才。世界技能大赛共设置了六大类 50 个左右的比赛项目，包括"结构与建筑技术、制造与工程技术、信息与通信技术、创意艺术与时尚、社会与个人服务、运输与物流"等。在这些项目中，既有飞机维修、移动机器人、使用数控铣床这些看上去"高精尖"的比赛项目，也有日常生活中处处可见的技能比拼，如烘焙、美发、花艺、网站设计等。

我国迫切需要提高高技能人才的比例，使人才结构从"金字塔型"向"纺锤型"发展。

从国家建设方面来看，"建设创新型国家"呼唤工匠精神和更多的大国工匠，重视技能，尊重技能人才，提高产业竞争力。进入人工智能时代，技术的迭代升级也要求技能人才的能力结构升级。例如，智能装备、5G 相关领域等高端制造业对蓝领技能人才的需求。

对于组织来讲，需要为技能人才建立职业竞技场。

以江苏省为例，政府为能工巧匠搭梯子，建通路。江苏高技能人才总量达 414.8 万人，居全国首位。政府为人才纵向职业发展搭梯子，鼓励企业设立技能专家、首席技师、特级技师岗位；为人才横向职业发展建通路，打破技术工人序列和专家序列的壁垒，高级工、技师和高级技师可申报相应的助理工程师、工程师和高级工程师职称，拓宽发展空间。同时，江苏建成大工匠工作室和工匠工作室，形成工匠人才培养池，培养孵化人才。

随着知识经济的发展，做好个人的知识技能开发变得尤为重要。正如管理学学者陈春花所说，"自己知道自己的禀赋，知道自己能够做和不能够做的事情，自己明确自己需要强化的能力"。

知识技能型 IP 就是最大化地发挥自己的禀赋，在个人优势领域自驱创新，自我深耕，制订研发计划，不断评估自己的独特价值，逐步提高自己的差异化竞争力。

[延伸阅读] 内容创作者的发展趋势

互联网知识平台、内容创造平台不断增加，涌现出今日头条、喜马拉雅 FM、知乎等众多优秀平台。

内容创作者的群体在不断壮大，从初期的媒体人、学者、大学生等知识分享者，扩展到在更多领域有一技之长的普通人。今日头条联合内容服务平台"新榜"推出的《2020 年内容创作发展趋势报告》指出，内容创作者的职业背景更加多元化，如机器学习、电焊、医生、美容顾问等。值得关注的是，在许多具有专业门槛的领域里，职业从业者相比普通新媒体人更具备专业知识优势，往往能够以专业知识和人格魅力征服用户，成为业内新星。

内容制作的范围也从普适性更高的大众共性需求，延伸到各种细分领域的专业知识技能，如心理、理财、设计、时尚、管理等，满足小众市场的个性化需求。《2020年内容创作发展趋势报告》预测，随着内容产业的深化发展，垂直细分领域仍是蓝海，将不断涌现出新的优质创作者。

对知识内容的需求在扩大，创作者的影响力甚至能突破国界，如以李子柒为代表的中国创作者就获得了很大的国际影响力。

自我选择：成为奋斗者还是守成者

职场老司机小 K 的选择：是安营扎寨还是开疆拓土？

多年来，C 公司的业务一直在平稳发展，稳居行业前列。在新的市场环境下，互联网等新兴业务模式从天而降，C 公司的自然发展过程受到影响，竞争对手每年以肉眼可见的速度在快速增长，C 公司的用户随之不断流失，销售收入也开始下降。C 公司不得不重新谋篇布局，考虑业务创新，进行战略规划。

公司里的多数人已经习惯了原来的发展轨道，对公司面临的危机没有紧迫感，对市场变化没有敏感性，仍然按部就班地工作，缺少奋斗者文化。只有少数人希望变革，再次创业，振兴公司。

面对现状，公司高层认为要实现战略发展，关键在于要有合适的领军人才。公司决定选拔具有奋斗者特质的领军人才。

小 K 是 C 公司的一个小业务部门的负责人，具有拼搏精神，作风很强劲。自从大学毕业后来到 C 公司，时光流逝，转眼已经到了"35+"这样一个不上不下的年纪。

这次变革，也逼着小 K 做一次自我选择。

如果公司对其部门的定位保持不变，他可以考虑继续按部就班地工作下去，保住自己的岗位。

如果公司对小 K 的部门重新定位，允许部门负责人自行设定新业务目标——创业目标，他也有一定的动力再去拼一拼，让自己的职业生涯上升一个高度。

奋斗还是守成？小 K 需要综合考量自己的现在和未来，并承担自我选择的结果。

选择前者意味着做一名守成者，小 K 已经练就了一套熟练的业务打法，可以轻松胜任这一角色。选择后者意味着他要做一名奋斗者，需要重塑自我，以部门为阵地，直接冲向市场。

与之相应的是，作为守成者，他的收入水平不会有大幅变化，但可以继续安守在自己的舒适区内。而作为奋斗者的小 K 将有更大的收益空间，同时要承担创业的风险。

成为奋斗者，需要有哪些方面的考虑？

1. 奋斗者不仅掌握新的知识和经验，更要具有奋斗者特质

- 具有创新理念和创造的动力，在创造的过程中能获得成就感与自我满足感。例如，希望用户对自己设计的产品有更好的体验。

- 对自我有期望，始终不放弃。例如，在各个职业阶段，都能根据自己的身体、心理、能力等的变化，设计自己的成长目标，并付诸行动。不苛责自己，始终能从当下的条件

出发，尽力接近或完成目标。

- 对自己和他人有使命感和责任感。不要"搭便车"，安于享受团队创造的成果。
- 有危机感，不画地为牢，保持市场敏感度和足够的自省，能够自我迭代。
- 有风险意识和耐挫力，能够承受一定程度的失败，甚至失去一些既得利益。

"奋斗"一词背后体现的是思维观念和自驱程度。奋斗者通过保持奋斗思维和精神状态，带动企业发展创新。

对于 C 公司来讲，如何激励和帮扶奋斗者，让他们有生存的土壤和保持奋斗的活力？

- 公司需要识别出员工队伍中具有奋斗者特质的人才，了解其理念、想法和个人意愿，将其匹配到合适的岗位。
- 塑造奋斗者文化，督促大家跑起来，改变不思进取的现状。

奋斗者是一类人，更是一种精神。在组织中营造奋斗者文化，能让奋斗者敞开心扉，活跃思维。在国企改革中出现的"能者上，平者让，庸者下"的理念，即打破"大锅饭"，解除束缚，激发奋斗精神。

同时，鼓励全员认可奋斗者，也能消除传统文化中"不患寡，患不均"的平均主义心态，减少无形的阻碍和压力，让奋斗者不再束手束脚。倡导和市场比、和自己比，比进步、比成长、比发展，而不是盲目的内部攀比。

2. 奋斗者不仅是一个人，更是一支团队

小 K 如果要维持部门传统业务，可以采用原班人马；如果要进行业务创新，就需要从创业的角度重新评估，组建创业团队。

对 C 公司来讲，奋斗者是一个群体，通过孵化一批批业务、培养一支支团队，激发更多有奋斗者特质的人加入，带动一波波有潜力的人才，从而形成持续性、创造性的人才队伍。

中信重工曾经以创客群发动公司转型的引擎，以创客空间模式建立了涵盖"技术创客群、工人创客群、国际创客群和社会创客群"的创客团队。在这个"四群共舞"的创客生态体系里，直接参与者超过 800 人，间接影响了 1000 名技术人员和 4000 名一线工人参与创新，形成全员创新机制。

在激励和帮扶奋斗者方面，C 公司成为强劲的助攻手，采取了以下手段。

（1）给予创新空间，鼓励开发新的业务赛道，搭建创业平台，建立奋斗者培养路径。

在上例中，小 K 可以对部门的传统业务进行创新和升级，开发新路径，做出新业绩。公司给予小 K 创新空间。

很多公司在业务变化过程中另辟蹊径，不受原有组织体系的束缚，筹建新部门，设立新团队，制定新的激励政策来开拓新业务。小 K 在 C 公司还有第三种选择：跳出原有的部门，选择新的业务

赛道，建立事业部，开拓新市场。当然，小 K 也需要考虑相应的风险，离开原来的部门，如果创业失败，可能没有机会再回原来的岗位了。奋斗者可能失去原有的利益，在奋斗的同时要选择放弃。

（2）在业务成长孵化的过程中，提供创业导师进行帮扶、引导；开展创新活动，进行创新成果交流，激发创造力。

例如，中信重工的工人创客群，是以 5 个大工匠工作室为引领建立的 22 个工人创客群。大工匠工作室将从事相同工种的人集中到同一个平台上，可以有效解决现场加工难题，同时注重对新人的培养。各个创客团队围绕"五个定位"——优化工艺技术、解决生产难题、形成典型工艺规范、固化创新成果、塑造大工匠精神——来开展创客活动。

具有奋斗者特质的人，在择业的时候，不仅会评估业务前景，也会评估公司的创新环境——文化、创新空间、激励机制、团队等。这些环境因素同样影响奋斗的成败及成本和风险的大小。一个能真正认可奋斗者的公司更能吸引奋斗者加盟，彼此相辅相成。

与奋斗者群体相对应的群体：守成者。

C 公司也有很多守成者，公司根据他们的特质探讨其合适的职业选择，在公司战略转型期间，让更多的人有安身立命之处。

发起 C 公司战略变革的是高层团队，他们意识到公司需要走入新轨道。公司董事长已经到了快要退休的年纪，在退出这个由自己一手打造的舞台之前，他率先垂范，成为勇敢颠覆自己的第一人。公司的一些元老级员工，在关键岗位上对公司的发展做出过历史贡献。当企业面临改革之时，他们可以选择更合适的岗位发挥余热，或进入二线顾问团队，给予新人扶持与指导，或换一种身份，成为公司的投资人。

对于这些守成者而言，他们也是曾经的奋斗者。在完成自己的历史使命后，他们选择有尊严地退出，在下一段赛道上把接力棒交给更有能力的人来领跑。他们肩负清晰的个人使命，并能够坚守到落幕。

还有部分人员的状态是，没有新的追求，不求高收入但求稳定的生活；或者家里有较好的经济条件，不想打拼，只要有个不太辛苦的工作让自己有事做就行。公司采取全员竞聘的方式，让这些员工重新寻找自己的位置。

不同性质的业务和岗位（创业型或维持型），有不同的发展目标和对个人能力的要求，有与业务类型配套的激励方式（高风险高收益、中风险中收益、低风险低收益）。让每个人在充分评估后，根据不同的类型，做出合适的选择，实现双向选择。

近年来，很多企业一直相对稳定的组织结构因为受到互联网大潮（市场环境、用户需求等）的冲击开始频繁变化。企业把组织创新作为战略任务持续推动，自上而下给予重视。

小 K 的选择代表着时代转型期很多人面临的选择。许多行业、企业、岗位在变化，很多人进入职业分水岭，需要选择成为奋斗者还是守成者。

职场创客也是奋斗者。他们具有奋斗者思维，不断跟随环境变化，寻找新的起点和目标。

[延伸阅读] 华为奋斗者文化

华为倡导"奋斗者文化"，目标是把奋斗的人与不奋斗的人、优秀的奋斗者与普通的奋斗者区分开来，然后实施不同的激励政策。华为将员工分为劳动者与奋斗者两大类，并有所细分。

第一类：普通劳动者

对于这部分人，应该按法律相关的条款，保护他们的利益，并根据公司的经营情况，给予对应的报酬。这是对普通劳动者的关怀。

第二类：一般奋斗者

公司允许一部分人不是积极的奋斗者，每天按时回家吃饭。这是人的正常需要，可以理解。

对于这部分人，可以给他们安排合适的岗位，让他们踏踏实实做好小职员。只要他们的贡献大于成本，就可以在公司留任。

如果暂时没有合适的岗位，他们可以到社会上去寻求发展。

第三类：有成效的奋斗者

这些人是公司事业的中坚力量，公司需要这些人。他们要分享公司的剩余价值，分享方式就是得到奖金与股票。公司渴望越来越多的人走进这支队伍。

　　"以客户为中心，以奋斗者为本"，这是华为的大战略。华为在不断发展壮大的过程中，始终秉持这个方针，要求自己居安思危，保持市场意识，不断追求创新，让公司在外部环境的变化中生存下去。

自我评估：成为自我雇佣者

你希望自己的收入结构是什么样的?

有一位企业老总，年终做完绩效评价后，对绩效考核达标的人提出了两种不同的激励方案：一种是奖励现金，另一种是兑换成股份，让员工自主选择。结果一部分人选择干一年拿一年的现金分成，另一部分人选择持有公司的股份。这个老总通过这种方式，识别出了很多成员的发展意愿。选择现金奖励的员工希望获得一份稳定的工作和工资收入，选择持有股份的员工愿意和企业一起发展，共担收益与风险，也成为一个创业者。

在传统的雇佣制下，员工根据所处的岗位和薪酬标准等级，获得相应的收入，薪酬是相对稳定的。而现在，让员工逐渐成为创新者、创业者，个人在企业里的身份发生变化，这种薪酬分配模式也会被打破。员工有机会参与企业的利益分配，从被雇佣者变成自我雇佣者。

小米公司为满足不同类型的员工需要，采取了灵活的薪酬模式。员工有三种方式可以选择：

- 全拿现金工资的稳定型收入形式；

- 以少量现金工资保障生活所需、以股份为主的收入形式；

- 介于两者之间的收入形式。

从最安全稳定的工资性收入到与公司命运休戚相关的股份形式，每个人要给出自己的选择。

如果组织"断奶"了，公司不一定统一发放工资，让你自己确定收入形式和收入水平，你希望收入结构发生哪些变化？如何评估自己的收入水平？

1. 按绩效定薪，考量个人的价值贡献

在分析自己的期望收入时，首先要设计自己的绩效目标，不同的目标对应不同的价值贡献。在一段时间后，考量个人的绩效变化，增量变化对收入变化的影响更大。在收入结构里，相比固定收入，浮动收入更能体现个人的价值贡献。为使员工收入与个人绩效挂钩，组织更看重浮动收入的占比和绩效评价。因此，在评估自己的收入水平时，首先要关注和考量的是个人目标、价值贡献与收入回报的联动。

同时，很多企业越来越重视给予员工个人发挥的空间，让员工自己设定目标，对员工的贡献进行评估，给予相应的回报。员工做得多、贡献大，收入和回报也高。

百度公司在 2014 年开始进行"绩效管理"变革，考核方式侧重于考察员工一段时期内为公司创造的各方面的价值，个人工作

成果为公司带来的变化和提高。这些"增量"价值都可以获得激励，不受员工岗位、职责和既定 KPI（关键绩效指标）的限制。

在分析个人收入水平时，多从绩效角度评估，有助于员工动态评估自己的价值贡献，个人成果与收益对等。既不躺在过去的功劳簿上吃红利，也能客观评估自己的预期回报，员工和自己比较、和历史比较，能够保持良好的心态。

2. 市场化定薪，考量个人竞争状态和市场价值

随着企业薪酬体系由组织定薪转向员工参与定薪转变，薪酬设计的特点也从封闭性走向开放性，市场化竞争成为影响个人收入的第二个重要因素。

在推行"员工创客化"的实践中，海尔集团最大的实施难点在于员工定位改变后薪酬收入来源的变化。在组织平台上，海尔集团让员工通过"竞单"等方式来竞争。"按单聚散人"——每单挑选有能力的人一起完成。海尔集团与员工签订对赌契约，每名员工都要有具体承诺，包括完成任务的底线目标，以及树立季度和年度的对赌目标。海尔集团根据目标设定员工的绩效奖励。其中，用户目标是体现员工价值创造的关键，员工为用户创造的价值越多，自身的收入就越多。这体现了员工的市场竞争性和市场价值。

市场导向下的薪酬收入是一个发展趋势，从公司给员工付酬转变成用户付酬。

对于组织来讲，在这场"去雇佣化"的变革中，如何走出固定薪酬的框架限制，每个人的薪酬来源是什么，将会极大地影响变革成败。

对于个人来讲，如何让自己跟上市场发展，得到更好的收入，需要争取机会在市场里实践，认准自己的市场行情。例如，实际体验一下自己的知识技能、产品、创意、服务等能创造多少价值，属于什么竞争层次，是否有用户愿意付酬，收入能否超过成本。

在这个过程中，有的企业实行给员工日常发放"预支工资"的方式，年底根据员工的"利润"完成指标"多退少补"，即员工如果没有实现利润收入，需要返还相应的工资给企业；如果超额完成任务，企业也会给予超额奖励。工资收入与市场收益情况挂钩。

在互联网时代，因为信息透明度和传播速度增加，"社会影响力"也成为衡量人才市场价值的一个关键评价因素，对人才的评价标准也从企业内部评价拓展到外部评价。例如，杭州市余杭区发布"直播电商政策"，明确对有行业引领力、影响力的直播电商人才按最高 B 类人才（国家级领军人才）享受相关政策。

3. 共创、共享，成为企业经营者、创业者，获得中长期收益

在前文提到的"奋斗者文化"中，华为把奋斗的人与不奋斗的人、优秀的奋斗者与普通的奋斗者区分开来，实施不同的激励政策。

- 普通劳动者：基本工资；参照社会保障标准。
- 一般的奋斗者：非高努力的收入回报。
- 有成效的奋斗者：浮动收入；分享公司剩余价值，公司的中坚力量。

其中，"有成效的奋斗者"通过推动公司的发展参与公司的收益分配。众多企业通过创造灵活多样的中长期收入分配形式，激发员工参与公司经营，激发企业的经营活力和市场竞争力，发挥共创的力量。

例如，在 2020 年国企改革专项工程"科改示范行动"中，政府鼓励推行股权激励、分红激励、超额利润分享、虚拟股权、员工跟投等多种中长期激励方式。人力资源和社会保障部在推进高校、科研院所的薪酬制度改革中，落实高层次人才工资分配激励政策，鼓励事业单位对高层次人才实行年薪制、协议工资制、项目工资等灵活多样的分配形式。

在走出雇佣关系的限制时，海尔集团对组织平台上的创业团队从投资人的角度进行评估。首先，通过对标外部市场竞争力（用户价值、行业竞争水平等）来评判每个创业团队的市场地位和存在价值。然后，选择是否投资，对于获得公司投资扶持和辅导孵化的创业团队，双方从雇佣关系转向股东关系，从追求短期的利润回报到追求中长期的投资回报。海尔集团衡量机会成本和收益，也会推出一些创业项目。创业团队也可以吸引员工参与投资，使员工成为投资人。

海尔集团还通过估值思维来激励创业团队的创业激情：关注创业团队每个关键节点的预期目标，预估薪酬、超额利润、股权等收益，预估给创业团队蛋糕切分的比例，由此牵引创业团队。

4. 预估个人潜在价值，预期收入水平，并努力实现预期结果

在职场里，通常通过岗位晋升才能获得更高薪酬，但受限于晋升机会和岗位数量等限制，很多人会遇到职业天花板，没有上升空间和加薪机会，只能通过不断跳槽来实现期望的收入。如果不能及时获得调薪等激励，员工就会抑制对工作的投入。这就造成员工对收入的敏感度高于对工作价值本身的关注度，缺乏长期的自我价值规划。这也造成匠人精神的缺乏，即欠缺把工作做到极致的精神。

很多企业开始实行自组织模式，推动员工自我管理。企业不再按照固定岗位等级给每个人定薪酬水平，没有职业天花板限制，由员工自己来评估和提出。你认为自己的能力处于什么等级，这个能力是处于上升期还是下降期，能为公司（投资人）带来多大的价值回报，然后自己提出收入标准。这是一种基于自我估值的薪酬设计。

1898 咖啡馆的董事长杨勇提出"人才众筹"概念——将个人视为一家成长型企业（自品牌），拿出部分未来虚拟收入来估值，进行众筹。例如，现在我给自己估值 5 亿元，拿出 20% 来众筹，

可拿到1亿元的资金。然后，为人才提供全方位的资源支持和成长计划。很多具有个人特质和专长的人都可以成为众筹评估对象。

企业也可以根据对员工的价值预判来决定一个收入标准：如果满足了这个预判，员工就能获得相应收入；如果没有实现预期结果，但有发展潜力，企业可能继续为员工投资，承担"风险工资"；如果最终没有实现预期价值，那么就意味着员工要离开。

西贝餐饮公司的董事长贾国龙对公司的薪酬分配机制进行了大胆创新：制定公司与员工的分利规则。

如果一个基层员工的市场月薪是5000元，公司会给他定薪为6000元。这多给的1000元，作为公司对他的一个预期。首先，这一预期会激发员工的创造意愿，而不是止步于当前的能力水平；随后，公司会对员工提供培训等支持，对其赋能，争取让其做出7000元的业绩，高于预期。

这1000元看似简单，却让员工发生了化学反应。员工不必等自己能力提高后，再去争取公司的认可。倘若公司不能及时调整薪酬收入，便会降低员工自我激发的欲望和信心。

根据个人估值来评估预期收益空间，是一种个性化定薪方式，其与个人发展速度、发展空间和发展规划有关。

以实现个人价值作为导向，使人们对职业的选择偏向适合发挥自己潜能的工作场景（例如和自己的性格特质、能力专长、兴趣爱好等匹配的环境），以及长期努力和投入，实现可持续成长。择业更侧重个人优势，而不是侧重热门行业、公司知名度、职位头衔等从众性因素。人们对个人内职业生涯的关注开始高于外职业生涯。

- 内职业生涯：个人知识、经验、观念、能力、心理素质及内心态度等因素的成长变化过程。
- 外职业生涯：工作时的地点、公司、职务、报酬等因素组合及其变化的过程。

从企业付酬到用户付酬，从获得短期收入到追求中长期收益，从获得一份工作到实现个人价值，越往后越体现一个人对自己收入水平的内在影响力。

[延伸阅读] 估值思维 PK 利润思维

估值思维，即企业从创造利润转变为创造"企业价值"。比如，很多互联网平台企业不一定盈利，但市场估值很高，能获得资本市场的青睐。

一般来讲，估值模式包括的要素有以下几方面：

- 重资产型企业（如传统制造业），以净资产估值方式为主、盈利估值方式为辅；
- 轻资产型企业（如服务业），以盈利估值方式为主、净资产估值方式为辅；

- 新兴行业和高科技企业，以市场份额为远景考量，以市销率为主；
- 互联网企业，以用户数、点击量和市场份额为远景考量，以市销率为主。

估值并不是精准的科学计算，通常是基于一些估值要素进行推测，先定性，后定量。所以，如何提高估值水平，需要增加对品牌的商业价值的了解，找到好的价值标准，赢得发展空间。

估值会受自我评估（信心）的影响。例如，投资机构在估值的时候，也会参照你的自我评估。例如，一个小小的洗衣软件，估值可以达到 10 亿元，而一个为社区提供生鲜产品的企业只有 500 万元。你自己设定好一个价值上升空间，评估机构就会参考你的估值。自我评估的信心来源于对自己影响力的充分了解和结果预测。

对于在互联网平台上分享知识技能等内容的人来讲，分享的内容价值越高，影响力越大，也会带来商业变现和估值的空间。用户因素成为影响企业或个人收入的新要素，收入增长模式按照用户数量、用户体验等用户端的反馈来确定，即用户付酬。内容力、用户等都是估值的关键要素。例如，内容垂直，且对用户进行深耕，这样的创作者越来越受投资人青睐，获得收益的可能性也越高。

自我经营：成为小 CEO

后台行政主管也能成为经营者吗？

某公司在从内部封闭式管理向以市场为导向的管理方式变革中，有这样一个例子：

公司的行政主管对商务派车、清洁卫生等行政管理职责总是不能及时履行，常常忽略其他部门的需要。但他并没有意识到自己的工作长期以来已经陷入了低效循环。尽管这类事件反复发生，他却没有准确评估自己扮演的角色和考虑改进。

随着时代的发展，该公司迎来了一轮新变革，行政等后台职能部门都向服务型部门转变，把公司内部员工当成市场用户来服务。这时，公司对行政主管的工作就要重新进行评估。例如，在内部车辆管理和与外部专车平台合作之间，需要对投入成本和运转效率进行评估，考虑选择第三方合作是否更加经济高效；而在清洁卫生方面，进行工作标准和工作成效的评估。一些新的互联网清洁公司在 App 上将各项服务"可视化和标准化"，全面响应用户的需求——覆盖多少区域、每个区域有多少清洁项目、每个项目有多少项需要达标的标准、对死角边缝的触达率等，致力于提高用户满意度。如果把公司的行政事务外包，用市场标准来评判，行政主管是否能对标外部市场，是否具有竞争力？这些都需要行政主管变为具有经营者思维的"小 CEO"，从经营视角评估自己的工作投入和产出，不断优化工作方式。

让员工做 CEO，这不是幻想，是近年来的组织创新实践。让员工成为组织里的经营单元的负责人，做出经营实效。

员工变为"经营者"，需要具备经营者思维。

1. 思考和设计自己的目标

每个人自发地设计自己的目标与关键成果，在这个过程中思考"我想要做什么"，这是自我经营的首要路径。

2. 自主决定工作方式和开支

这一步骤的目的是以个人为单元进行核算，建立资源使用、成本费用等经营核算机制。

这个过程，除了细化、积累经验数据，还包括主动收集信息、对标外部市场和对自己的工作方式和工作效能进行评估。

3. 有效观察和评价自己的工作成果

这一步骤旨在将个人贡献显性化、最大化。个人具备持续经营自己的意识，了解自己的经营状态，从每一段经历中提取出价值，获得完整、独立的个人评价，描绘个人画像。

自主经营体可以利用"时间轴—场景轴"的路径，从"时间效率和经营效果"两个维度，建立对自己的经营评价思维和指标，展开个体经营思路。

以 D 公司的员工自我经营机制为例，每个人都要主动在公司平台上收集一段时间内个人工作轨迹上的合作者（伙伴与用户）的评议，汇集形成个人贡献的积分和对个人能力的反馈，以此绘制个人整体评价，用于下一步发展。

4. 增强个人商务能力

增强个人商务能力，即有效推广自己，主动建立合作关系，拓展关系资源，扩大自主发展的空间，打开局面。

海尔集团实行倒金字塔型组织变革后，将六万多名员工以每三个人为一个组织单元，划分出了两万多个小组织单元。这些数量众多的小组织之间都是交易关系、合作关系或竞争关系，如果依靠公司管理层来协调，无法有效开展经营活动。所以，员工需要从被动等待上级管理协调的方式，转变为自主营销，不断发展自己的商务能力。

5. 重视动态电子名片

未来的职场竞争会上升为个人品牌竞争，个人画像越清晰，竞争条件就越充足。电子名片等传播方式的出现，让个人名片不再只是一张静止的纸质卡片，每个人都可以设计自己的主打形象。

有传 App 设计的电子名片能够实现身份认证、高效分发，可呈现品牌形象、简介、资讯、位置、业绩等多维度内容，甚至支持多职务、多主体等复杂功能。同时，该名片支持个人信息自主编辑，能够有效展示个人形象、服务能力与所获荣誉等。

电子名片区别于纸质名片的意义在于，它可以作为个人服务能力、业绩和信用等重要资讯的动态展示窗口。实时更新的个人工作案例库、最新编辑制作的自媒体内容等，都能被整合到一张"名片"里。

电子名片不仅环保，也提高了名片的分发效率。点击"发名片"，即可通过有传、微信等方式传送，还可在名片上嵌入二维码或制作"锁屏海报"，使二维码在手机锁屏时展示等。

经过企业平台认证的个人电子名片，相当于为职务、案例等重要信息背书，如此可提高个人品牌的可信度，同时利于有效传播平台品牌，让个人和平台的关联度更紧密，实现相互服务。

6. 培养竞争力

和每天按照固定的岗位职责展开工作不同，竞争将成为经营者的日常活动。某项任务并非理所当然地由某人来完成，而要通过在平台上竞争来获取。平台为众多经营者建立"公平和开放透明"的竞争规则。

海尔集团实行"员工创客化"的变革后，在平台开放任务"单"，员工自主抢单，按单拿薪，收入激励与任务单完全挂钩，而不再和固定岗位挂钩，实现工作任务的自由灵活和资源的动态优化。

7. 努力创造最佳实践案例

在这样的职业环境里，每个人对"最佳实践"的追求也将成为常态——这也符合"马太效应"，优秀的员工更有机会赢得更多优质订单和发展资源。

"周六会"是海尔集团与众不同的制度。每周六的例会通过各个自主经营体的实践案例反思集团的整体战略。能够参加会议并影响集团战略的决策者，是由集团战略部从集团2000多个自主经营体中层层筛选出来的代表，参会人员将围绕这些自主经营体的最佳实践（有时也可能是负面典型）进行互动和总结。

上述七点均有助于培养经营性思维。通过自主决定工作目标、工作方式、工作结果和生存空间，从目标到结果进行滚动式经营管理，使员工变成独立自驱的自我经营体。

[延伸阅读] 划小承包

中国电信在深化改革的创新实践中，推行以"责任田、责任人、责任制"为核心的"划小承包"市场化改革，即将经营单元划到最小，打造一线员工的内部创业平台。

划小承包单元成为员工创造价值的首选舞台。员工找到自己的责任田，每个单元变成独立核算、自负盈亏的自主经营体。这一模式打破了岗级、资历、身份等限制，通过竞争选拔承包人，让员工做"小 CEO"，成为责任人，从而激发其创业激情。

这条以"员工内部创业"为抓手的改革之路，使近 20 万名中国电信员工参与内部创业，诞生数万名小 CEO，实现了"创客梦"。

互联互通：成为动态合伙人

小 F 在离开老东家之后，选择做一个自由职业者。慢慢地，小 F 形成了自己独特的生存模式——"1+N"模式。

小 F 与老东家的一个事业部建立了长期稳定的合作关系。小 F 虽然离职了，对方仍会根据他的能力和经验，提供适合他的外包项目。小 F 负责项目的最终交付，风险与收益则由对方与小 F 共担。基于小 F 感兴趣的专业方向，对方与之确定了合作范围。同时，双方参考公司内部与小 F 同等水平的全职员工的收入、工作量等数据，确定了小 F 的收入。因为曾经隶属于这家公司，小 F 与对方在工作规范、职业操守等方面容易达成共识。在责任、收益、规范等方面协商约定好后，小 F 与对方成为长期战略合作伙伴。

另外，小 F 还建立了其他 N 个灵活的合作关系，这些合作更多的是基于某项临时的具体任务。小 F 会综合考虑自己的时间安排、工作地点、个人需要等因素来决定是否合作。例如，时间上的空当、某个阶段不适合出差、希望个人技术升级而需要承接创新型任务等。

在短期订单和长期合作中切换，使小 F 形成了新的"1+N"职业模式。小 F 的能力、收入、工作方式和关系资源等都是动态变化的。

其中，"1"是长期合作伙伴关系，唯有经历过深度磨合，有较好的默契，才能够长期携手。在彼此的工作规划中，甚至都会把对方作为优先项来考虑。这也是检验合作关系稳定性的一个方面，即能否进入对方的优选名单，成为可信赖的合作伙伴。

这是一种动态合作关系，而不是"一锤子买卖"似的松散关系。同时，双方具有选择的灵活性，因此更重视每次合作的机会，以促进下一次合作。

创客是奋斗者，在自我创新与创业的过程中，需要具有"独立、独特"的品质。与此对应的是，创客也要具有"互联互通"的属性。在发展过程中，创客需要找到合适的合作伙伴或战略联盟等，实现互帮互助。

这对合作资源的经营和创客的成长会有极大的帮助。例如，拥有客户资源、渠道资源等丰富的个人资源，选择合适的公司成为区域合作者、渠道合作者等，对接公司端与客户端，让自己的核心资源发挥作用。

除了动态合伙人，本书第 5 章还介绍了合伙人与平台共生互驱的关系，事业合伙人、业务合伙人、专业合伙人等不同类型的合伙人对平台的独特价值与各自的生存之道。

[延伸阅读] U 盘化生存——契约式工作

"自组织"——企业内部没有边界，是互联互通的平台，不同的人通过任务进行合作。

我们可以将这种模式理解为"平台＋任务＋人"的新型组织模

式。作为独立个体，每个人能够与他人互补，进行合作。整个企业的运行平台宛如一台电脑，有非常多的接口。企业负责完善电脑软件，员工则像一个个 U 盘一样插到企业平台上，启动后立即开始工作。完成任务后就可以拔下 U 盘，把插口留给要完成下一个任务的人。"罗辑思维"对这种生存方式做了一个非常形象的表述——"U 盘化生存"。

"U 盘化生存"具有以下特征：

- 自带信息，即具有独特的专业能力或产品等，可实现完整的独立交付功能，在这种变革趋势中，拥有独特专长的人，将会有更加灵活的生存空间；

- 不装系统，借助平台共享系统等资源来完成任务，实现任务协同；

- 随时插拔，能够明确自己的工作任务和时间节点，建立交付思维，按时按质提交工作成果等；

- 自由协作，非雇佣、双向选择、契约式合作。

当平台形成一个内外联通的网络组织时，每个人都会成为该网络上的一个节点，各个节点之间最终实现互联互通、自由连接。这意味着每个人都可能成为动态合伙人，依据自己的核心能力与资源，与平台形成合作关系。

变身斜杠：成为多重职业者

"95后"的坚果儿是一名不折不扣的"斜杠青年"，平时是职场里兢兢业业的职业化员工，周末就是"百变小咖"，展示完全个性化的自己：公司白领／健美运动者／手工艺人（各种DIY手工制作）/K歌平台歌手（欣赏自己的声音，打磨歌唱技巧，与音乐爱好者交流互动）／知识技能分享者（写作"小主"，参加与个人成长相关的社群沙龙分享活动）。在这些斜杠生活中，坚果儿通过参与互联网知识平台的活动，接触到了平台内容运营等工作。这让他了解到不同职业的特点，促发他思考自己感兴趣的职业方向。

"斜杠青年"指拥有多重职业和身份的多元生活的人，"斜杠式"发展成为一种现象级的人生发展方式。

中智咨询公司对"90后"的职场生活进行了调研和分析，结果显示，49%的受访企业都有"斜杠青年"（见图3-1）。他们或者跨岗位工作，或者有兼职工作，总之都拥有多元化的身份和生活。

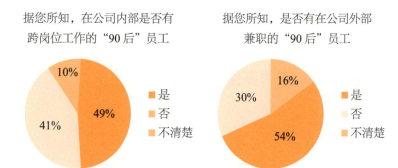

据您所知，在公司内部是否有跨岗位工作的"90后"员工

10%
49%
41%
■ 是
■ 否
■ 不清楚

据您所知，是否有在公司外部兼职的"90后"员工

16%
30%
54%
■ 是
■ 否
■ 不清楚

图3-1　对"90后"职场生活的调查结果

对于职场新生力量"90后"来讲，"专一职业"的生活方式对他们缺少吸引力。面对这种新生现象，有的企业老板开始担忧，有斜杠的员工是否能安心本职工作。

其实，人是灵动的生物体。让一个人避免经年累月单一重复的职业环境，往往更能使其保持充满激情的工作状态，甚至从新的视角来反哺工作。

RY 是一个"××职业/写作者"的二元斜杠青年。当写作者的身份逐步深化时，RY 觉得它已经不是自己的第二身份了。写作者身份后面关联的是编辑、渠道运营等人群，他们是除家人、同事、朋友以外的重要伙伴，甚至更了解自己的想法。相比其他各类关系，这里没有需要平衡的职场人际关系，没有容易攀比的同学、朋友关系，也没有容易流于主观的亲情关系，身份更纯粹，关系更简洁，行为也就更专注。通过对这种身份持久深度经营，RY 积累了不同的经验和认识。

从组织的角度来看，这也可以被理解为一种"个性化福利"

大礼包，是员工的一种自我疏导和实现。对组织来说，与其对其压制和防范，不如给予支持和认同。组织可以鼓励员工在主业之外进行自我开发，学习新事物，接受新信息，以培育更多优秀的斜杠青年，令他们拓宽工作思维和视野。

当然，有斜杠身份的人也要懂得自律，在组织身份与个人身份、在职业规则与自我个性间进退有据，把握好界限。

长此以往，基于个人的职业、能力特质、兴趣特长等方面，对个人优势进行开发，并由此建立多重职业规划，丰富自己的职业生涯和人生经历，寻找更多的人生舒适区、安全区。阿里研究院、波士顿咨询公司发布的《未来平台化组织研究报告》指出，在人才领域，相比前辈，组织内的新一代员工希望在较短的时间内成就自我，将自己的市场价值最大化。改变单一、单向发展的传统职业曲线——那种找到一份稳定的工作，依照职业阶梯一步步晋升，直到遇到职业天花板后停滞不前，被替代、被超越，最后到退休的生活。

在今天的社会环境中，就业或失业已经越来越难以衡量，因为多重职业、自由职业、微型创业等成为新的常态。"没有工作"和"拥有工作"之间的界限变得越来越模糊。

自我判断：个人自驱状态

什么是自驱力？

自驱力（内驱力），是指引起和维持个体的活动，并使活动朝向某一目标的内在心理过程或内部动力。自驱的本质，就是从内部唤醒自身，实现自己的内在潜能，成为期望中的自己。

什么是职场创客？

创客具备自身的独特知识、技能和资源等，掌握自生产工具，成为自主责任体、自我经营体，进行自组织管理，与平台协作，创造个人价值。

职场创客具有自驱的特质（见图3-2），推动自己实现内生式变革，积累足够的自信，积蓄更多的能量。这是一个从岗位螺丝钉向自组织、自运营发展的过程。在这个自我创新的过程中，每个人都可以绘出丰富、独特的个人画像。

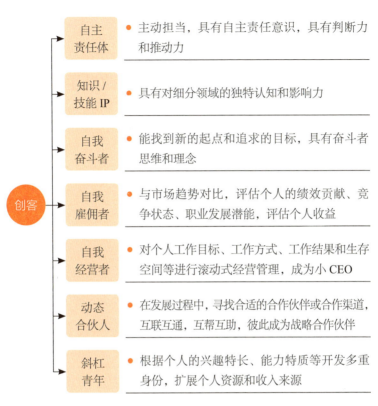

图3-2　职场创客的自驱特质

自我判断与思考

- 如何看待自己目前在组织里的状态？

- 如何从个人实际出发，成为一个创客/创新型人才？

- 如何设计自驱式的发展目标和能力要求？

- 如何评估自驱的程度和效果？

组织转型：建设新的职业群体，改造平台生态

随着个人自驱力的打造，组织也要改变员工的雇佣者身份，重新规划职业角色，建设新的职业群体，改变组织生态，打造组织驱动力。

组织平台内部的关键角色群体

1. 平台主

平台主是一个多重角色，包括企业家/创始人、各级管理者和平台上的服务者。平台主是平台的建设者，企业若想成为平台型组织，离不开这些关键角色的转变。

2. 合伙人

合伙人群体是平台的事业伙伴。"平台＋合伙人"意味着更侧重志向、价值观、发展目标和能力等方面的融合。合伙人也需要长期磨合。

3. 自主经营体（小经营体）

自主经营体是平台内部的创业团队，侧重小团队"自治"与价值贡献评估。"平台 + 自主经营体"更侧重按经营目标和经营成果进行投资驱动与孵化，按市场化规则形成契约关系。

4. 自驱型团队（小型作战团队）

自驱型个人的涌现，显示了个体崛起的趋势，也带动了自驱型团队的形成。自驱型团队的涌现，显示了组织向更加互联的方向发展的趋势。

在高效自驱型团队中，每个人有独特的、独立的作战能力，能快速进入角色和实现团队协作，并在团队价值观、团队合作关系、团队成员组合、对彼此的责任与承诺及团队的运营等方面不断打磨，以提高团队整体应对外部变化和挑战的能力、自我适应与快速迭代的能力。

平台生态圈：并驾齐驱的"平台 + 创客群体"

组织平台内部包括"平台主 + 合伙人 + 自主经营体（小经营体）+ 创客团队 + 创客（个体贡献者）"等不同角色群，各个角色群有不同的特质和驱动力，彼此之间是共生关系，共同驱动平台发展。

平台主、合伙人、小经营体都是相对稳定的角色。例如，合伙人通常具有战略联盟性质，小经营体通常具有组织经营单元、小微企业的性质。

创客团队比较灵活，可以根据任务、项目随机进行组合。创客是平台上的创业者、奋斗者，平台主、合伙人、小经营体和小作战团队等角色群中的每个人，肩负着创新目标，具有自驱力。创客也可能是像自由分子一样流动的动态合伙人、外部伙伴等多种灵活的个体角色。

"平台企业的终极目标，在于打造出拥有成长活力和盈利潜能的生态圈"，平台组织需要激发平台上的各个角色群成为独立、主动的价值创造者，实现共创理念和目标。

- 角色群：组织平台上的各类角色群体。
- 平台生态圈：平台上的不同角色群建立的一种生态共同体，形成共生、互驱的关系。
- 平台主：肩负着平台主管的角色，是平台生态圈的构建者。

[延伸阅读] 外驱力与互驱

什么是外驱力？

自驱力（内驱力）是指引起和维持个体活动的心理过程或内部动力。与自驱力对应的就是外驱力（他驱力），是通过外界驱动，如通过组织的驱动模式和文化产生驱动力，点燃人愿意自驱的动机。

什么是互驱？

互驱是指个人与组织之间互相激发和赋能。自驱型组织与自驱型人才不断融合，最终趋向"人人都需要自驱"的治理状态。

[延伸阅读] 平台型组织的常态与生态

在传统组织里，人们之间的工作关系依据组织结构建立，相对稳定和固化。例如，一个部门经理的主要工作对象有主管领导、分管领导、下属员工、其他部门经理、外部客户等。

当企业变成平台型组织、成为各类群体的聚集地时，平台与平台上的群体间即诞生了新的共生关系。多种类型的角色群和多种形式的经营场景共存，这是平台的常态。

每个群体都是一个小生态组织，既可以和其他对象合作，也可以根据自身需要进行合并、分离等组合变化；同时，各个群体也会建立自己的用户社群，发展外部用户，并将其发展为平台入口。这是平台生态。

美国《连线》杂志高级制作人、《长尾理论》作者克里斯·安德森说："20 世纪的合作模式是企业模式，企业雇佣雇员，人们在同一个屋顶下为某个大目标工作。21 世纪的合作模式就没有那么正式了，它是关于社群的。"

在新时代，传统的公司组织正在变成社群。

[延伸阅读] 海尔集团的平台化

海尔集团的平台包括内部平台与外部平台。

内部平台化有利于内部创业平台和创业者的产生；外部平台化有利于快速汇集社会资源，让外部人才、合作伙伴与用户在海尔集团的平台上自发进行合作。

海尔集团的内部平台由平台主、小微体、创客组成，形成并联生态圈，将传统组织里自上而下进行管控的串联模式变成平等的合作模式，彼此互联互通，共同服务用户。

管理人员变身为给小微体和创客等提供资源的平台主。

海尔集团的外部平台包括用户社群、模块商等外部合作伙伴。

用户社群：建设用户自由表达意见和交流信息的平台，在发展较为完善的用户群里逐步产生意见领袖。

模块商：海尔集团为供应商建立的资源平台，向全球模块供应商发布用户需求、提供在线注册、对接用户订单的零距离平台。海尔模块商的注册、响应需求、提出解决方案、方案选择与评价结果等全过程都在平台上透明地进行，由用户考核。海尔集团与客户的关系从传统的采购方与供应商的博弈关系变为由用户驱动的共创、共赢关系。

模块商、用户的互联是驱动海尔互联工厂的"两驾马车"。

第 3 篇

互驱——与企业共同成长

互驱

个人创客化的发展趋势对企业和管理者是一个新的挑战，需要做出相应的组织变革。

对于企业来讲，需要考虑如何牵引和孵化出更多的创客群体，给予其奋斗空间，建立共生、共创平台，形成组织驱动力。

对于管理者来讲，需要考虑如何转变自身的角色，成为平台建设者，建立共同治理的平台生态圈。

第 4 章

创建自主管理型一人企业

倒金字塔型组织变革：人人都是经营者

工业化时代的组织是金字塔型结构（见图 4-1），相应的经营决策也是遵照组织层级而设定的：最高层——战略决策层，中间层——经营和管理的中枢，基层——员工、执行者。

互联网时代，一线基层员工是距离市场和用户最近的人，"让听得见炮火声的人来决策"的经营理念，使传统的金字塔型组织向倒金字塔型组织转变，让员工能直接参与经营和决策。

海尔集团是开启这种组织变革的先河，其组织结构如图 4-2 所示。

倒金字塔型组织变革的本质是将组织的整体驱动模式变为以个人为基本单元的自主驱动模式。在这种模式下，人人都是经营者。

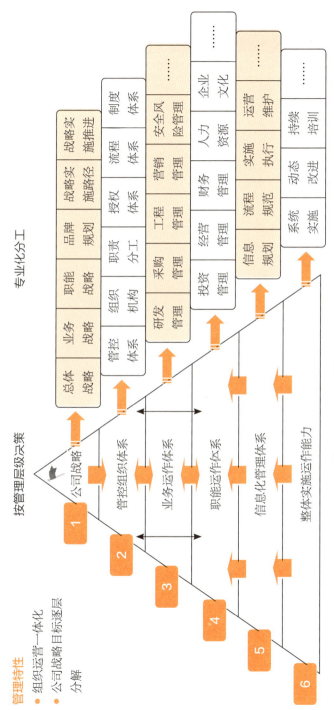

图4-1 工业化时代组织的金字塔型结构

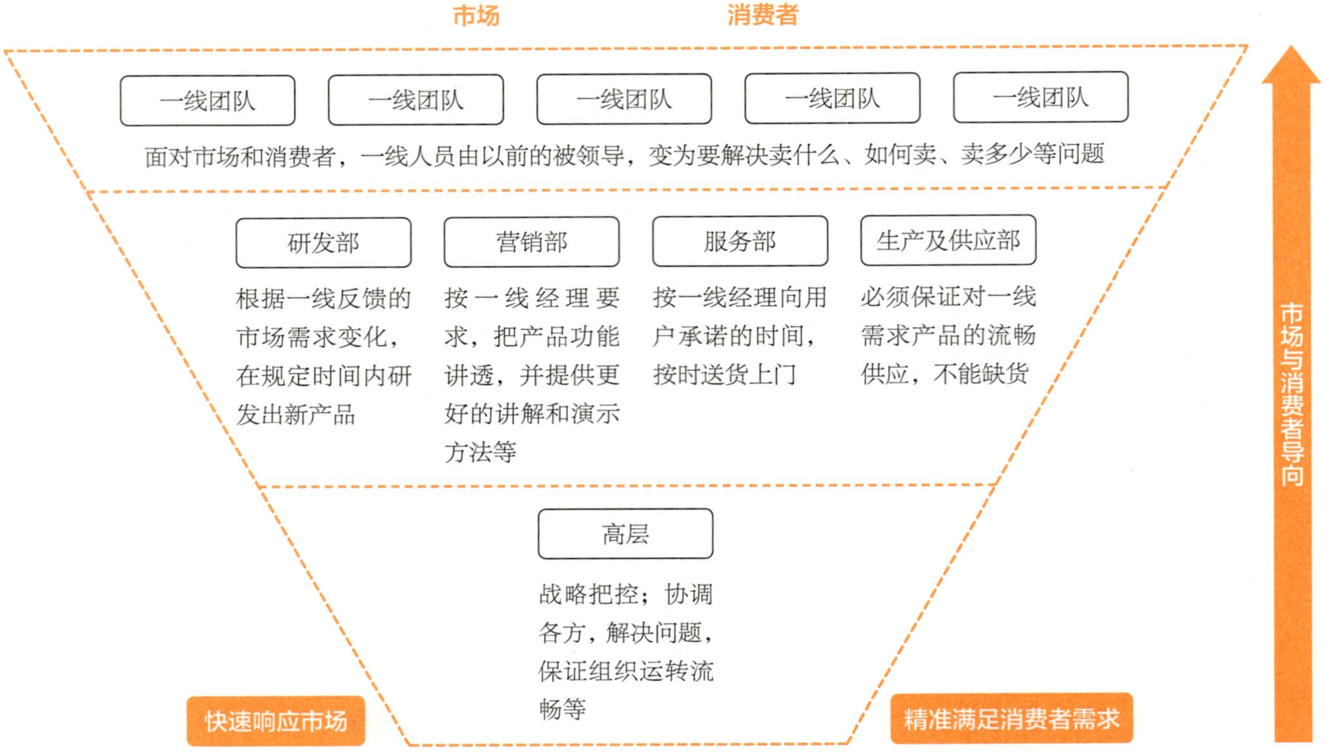

市场　　消费者

市场与消费者导向

一线团队	一线团队	一线团队	一线团队

面对市场和消费者，一线人员由以前的被领导，变为要解决卖什么、如何卖、卖多少等问题

研发部	营销部	服务部	生产及供应部
根据一线反馈的市场需求变化，在规定时间内研发出新产品	按一线经理要求，把产品功能讲透，并提供更好的讲解和演示方法等	按一线经理向用户承诺的时间，按时送货上门	必须保证对一线需求产品的流畅供应，不能缺货

高层

战略把控；协调各方，解决问题，保证组织运转流畅等

精准满足消费者需求

快速响应市场

图4-2　海尔集团的倒金字塔型组织结构

寻找经营阵地，创建小经营单元

把自己视为一人企业，对自己职业发展负责，不追求变大，只关注变得更好。成为越来越流行的理念。

大企业的困扰是，无法准确测量每个员工的贡献。当大多数员工在一起工作的时候，每个人的工作都与其他人的工作混杂在一起，个人的表现无法单独测量。这种组织模式会导致将所有人的贡献平均化。

而企业越小，就越能准确估算每个人的贡献，个人绩效不易被平均化。管理者对每个人的指导也更加充分，更能使人均绩效达到最大化。

划小业务单元，可使职场的经营环境发生新的裂变。这个变化如同传统火车和动车的区别。传统火车靠火车头带动。动车区别于传统火车，每节车厢都有动力。如果让每个人或每个小业务单元都成为一个能提供动力的动车单元，释放出更多能量，整个企业就成为一个动车组，发展大大提速。

被誉为"经营之神"的稻盛和夫创立的"阿米巴经营模式"，近年来被很多企业学习借鉴。

稻盛和夫创立阿米巴模式的初衷是让每一位基层员工都有机

会成为一个经营者，"阿米巴"就是他们施展才能的一个个小舞台。这样的经营方式将公司的经营能力和个人的潜力发挥到极致，让稻盛和夫经营的两家企业——京瓷和第二电信（KDDI）——都进入世界企业 500 强榜单，取得巨大的成功。因此，阿米巴模式也成为一种"员工自主经营驱动"的标杆模式。

阿米巴小集体是如何形成的？

- 把公司整体细分，变成若干小阿米巴。
- 从公司内部选拔各个"阿米巴领导"，委以重任。
- 每个阿米巴独立核算，自主经营。

在向阿米巴经营模式转型的过程中，如何从一个执行型员工变成具有自主经营意识、能够决定经营收益的经营型人才、经营型领导者，稻盛和夫有几个重要的成功经验值得借鉴。

各个阿米巴源于阿米巴领导人的经营思路

公司如何从整体变成一个个小阿米巴？最关键的划分方式并不是依据公司设计的组织结构，而是根据阿米巴领导人自己的经营思路，从公司分裂出一个个小阿米巴。例如，如果阿米巴领导人有意发展某种产品或工艺，就把该产品和工艺划分出来，相关业务独立核算。

即便同一个阿米巴，划分方法也因人而异，可能领导人甲按工序分成三个阿米巴，领导人乙按产品分成两个，领导人丙则可能不分。不同的划分方法体现和考验的是领导人的经营眼光。

把经营权下放给员工后，全员经营，这一模式同样驱动着京瓷的经营管理。京瓷大约有 1.3 万名员工，被划成约 1200 个阿米巴。员工的成长也是惊人的。

每个人可能都有过这样的经历：当身边熟悉的同事、朋友有机会去自主经营业务时，他们也许会爆发出完全不一样的思路和才能，变成一个"小宇宙"，可谓"士别三日，当刮目相看"。

例如，小 M 从一家大公司离职后，去了一个平台型企业。在这里，他根据自己的特点，量身定做了一套经营模式，又公布了对外合作规则。小试牛刀之后，他逐渐将业务放大。在这个过程中，他密切关注平台上其他团队的经营思路，主动参加每次内部交流会，观察各个团队的发展。后来，在自己领导的团队遇到发展瓶颈后，他又不断探索与其他团队进行组合，当组合达不到"1+1 大于 2"的结果后，就再分裂重组。一方面，这是为让自己的团队能生存下去，另一方面则是为弥补自己的不足，换经营思路继续往前走。

阿米巴领导人从不用"工作"这个词，而是用"经营"来表达每个人的工作性质，因为阿米巴的命运掌握在每个人的手中。作为阿米巴领导人，哪怕是一个班长，也要具有企业家意识。所以，京瓷从来没有患过人浮于事、推诿扯皮等大企业病，极大地减少了组织内耗。

依据领导人的意愿和能力动态调整

京瓷有 1200 个小阿米巴,从员工中选拔部分人作为领导人,即每 10 个人当中就有 1 人成为阿米巴领导人。阿米巴的大小与阿米巴领导人的能力相匹配。

一个初中毕业的年轻人,工作非常努力。几个月后,公司把他一个人划分成一个阿米巴,让他开始独立经营。他呈现出越来越惊人的变化,逐步变成拥有 50 多名员工的部门领导人。

公司将这名员工作为一个小阿米巴开始经营,在其不断积累自信和经验、看到自己的经营成果、有了完整的经营体验后,再分配给他一个更大、更复杂的阿米巴,使其能力与经营阵地动态匹配。

如果某个阿米巴的业绩不佳,是不是就要立刻将其取消呢?

让我们看一个例子。一家公司的老板,在创业过程中,一直严格用经营业绩衡量每个业务单元。有个快速消费品行业的专家申请成立了一个快销业务部门,但一直运营得磕磕绊绊。一个财政年度结束时,该部门没有完成经营目标,老板不容分说,取消了这个部门,那位专家黯然离开,公司自此一直没有在这个领域取得优势竞争地位。

其实,在上述过程中,那位负责人已经开始积累行业开发经验,开始将自己的专业知识与经营思维结合起来,具有很好的发展潜力。在与客户接触的过程中,他也开始让客户建立合作信心,具有很好的经营潜质。

在这一点上，稻盛和夫的见解是："没有发展前途的阿米巴并不是没有一点用处，即便没有多大的发展前途，出于需要也可以将其与其他阿米巴合并，这种合并能够有效地减少企业浪费。"

对于经营业绩不佳的阿米巴，稻盛和夫采取的方法是将其整合到领导人能力出众的其他阿米巴中去；如果此后该阿米巴的业绩开始好转，领导人的能力也有了提高，就再将其分裂出去。

这就是说，在阿米巴之外，仍有用以引导和帮扶的圈层，由此让陷入困境的阿米巴继续成长。

如果某阿米巴没有合适的替换领导人的人选，则将其分割成数个阿米巴，交给多位领导分别经营。

实际上，这种问题在很多企业的经营过程中都会遇到。

一个公司的人力资源部门多年来招聘了很多一流院校的大学生，部门领导是公司资历颇深的老员工，但因为缺少专业能力，一直无法带领部门完成目标，总是被其他部门漠视。既然该部门经营不善，为什么不更换领导人呢？高层领导一直没找到资历、能力最为匹配的"能人"，所以只能保持现状。

很多人经过层层筛选进入公司，却无处发力，没有好的绩效。其实，与其坐等天降神将，不如内部进行变革，让现有小将各自领命，成为小阿米巴，自负其责。这些小阿米巴可以按大家的专业特点划分，类似人力资源各专业模块，也可以按公司分配给部门的任务和项目划分。至于如何"练兵和用兵"，小阿米巴需要根据自己的经营结果去自我判断，过一个阶段再根据经营目标和任务复杂度，重新进行调整。

　　无论是阿米巴的分裂与合并，还是阿米巴之间的包容和嵌套，阿米巴领导人都可以根据经营需要随时调整，进行最合理的人员分配。这很符合职场环境的变革趋势，即根据市场和经营需要，让一个人选择最适合的驱动环境，同时让环境选择最适合带动自己的人。

　　在京瓷，几个阿米巴组合起来形成一个大阿米巴，这个大阿米巴和其他大阿米巴组合在一起，又构成一个更大规模的阿米巴。整个组织的变化调整是由人来驱动的。

以小团队为单位，独立经营核算

　　稻盛和夫说，阿米巴经营是小团队经营的意思。每个阿米巴是一个独立核算体，以这个小集体为单位，在计划制订、生产管理、财务核算等方面可以自行决策。

　　例如："互联网快品牌"韩都衣舍实行小组制，每个小组要对一款衣服的设计、营销承担责任。韩都衣舍有很多这样的小组，日均推出 100 多款新品，只有这种速度才能在网络商城上维持用户黏性。

　　韩都衣舍小组制的运行原则是：明确小组的责任、权利、利益。

- 责任：确定每个小组的销售任务指标（销售额、毛利率、库存周转等），各小组负有完整的经营责任。

- 权利：每个小组可以确定服装的款式、尺码及库存等，确定基准的销售价格，确定参加哪些销售活动，确定产品打折的节奏等。每个小组可以自主、灵活地确定产品的经营策略。
- 利益：小组提成也会根据毛利率、资金周转率计算。利益＝业绩提成（销售额－费用）× 毛利率 × 提成系数 × 库存周转息率（销售额完成率）。

划分小核算单元，让责、权、利统一，有利于激活每个小团队的战斗力。因为人少，每位阿米巴成员必须充分发挥各自的特长，相互配合，将个人能力发挥到极致。

用单位时间核算指标，衡量贡献大小

各阿米巴可以给自己的服务或产品定价，和其他部门进行交易，取得收入；扣除成本费用，即阿米巴收益创造的附加值；再用附加值除以阿米巴成员的总劳动时间，便可得到阿米巴单位时间创造的附加值，即用单位时间核算。

为维持经营，各阿米巴至少要保证单位时间核算收益高于每小时的平均工资，这个平均工资指公司所有员工的平均工资，而不是单个阿米巴的平均工资。所有员工的工资平均值才是衡量公司能否维持下去的基准。要在公司这一命运共同体中生存下去，就必须争取成为养活他人的一方，而不是靠他人养活的一方。

例如，一个钢铁企业进行经营改革，改革的方式是将核算"最

小化"，核算对象是分厂、班、组，最后到人。每个人做多少工作，就相应拿多少工资。核算最小化能够保证工作做得最好的人，收入最多。

划分小经营体后，核算变得清晰透明，领导人对经营情况看得更清晰，也能建立更明确的经营思路。

例如，连锁门店的成功是永辉超市经营成功的关键。永辉超市的每个门店都作为小经营单元独立核算，各门店内部根据经营特点继续划分：以部门为单位，或以柜台、品类、科目等作为更小的独立经营体。

在实际操作中，小经营体的设计可以采取多种形式：围绕岗位、某项任务 / 某个项目，或围绕个人等建立经营体。

职能部门的工作结果常常很难量化评价，但可以围绕工作中的任务或项目建立评价指标。例如，对于工作制度和流程建设，可以作为项目来对待，从而可以评估其涉及的范围和数量（需要投入多少人员和时间、效率，成本费用的预算，形成哪些产出结果等）。待制度或流程进入正轨后，项目收尾，将其转为日常项目运营维护。

划小经营单元、下放经营管理权是一个发展趋势。将一个大企业划分成许多微小企业（团队），由相应负责人把控经营状况和目标，独立核算，有利于激发基层自主经营的活力。

传统组织强调固定的等级和身份，组织稳定，容易固化。人是最灵活的经营要素，适合更有柔性地经营开发。

培养经营型人才的目标是将个人能力发挥到极致，将单位人效发挥到极致，让每个人都成为经营者。

设定目标图谱，做出经营承诺

金字塔型组织遵从统一的战略，通过把战略目标向各个部门、各层级员工逐级分解，变成各自领域的经营目标，最后实现"组织运营一盘棋"，依赖组织的整体驱动来发展，如图 4-3 所示。

倒金字塔型组织变革带来的直接影响则是角色反转，每名员工都有机会变成直接的经营者、决策者。

组织或平台主面临的思考是：如何建立新的经营关系？

将组织目标自上而下地分解给员工、由组织对员工的绩效进行评价的方式将被打破，组织与员工之间正从紧密连接甚至无缝连接的驱动方式向"松耦合"的驱动方式变化。

每个小经营体的反应是：我该如何定位？我可以做什么？

人人都是经营者，具有自主经营的能力和创造力。在"松耦合"的新关系下，人们开始尝试从单纯的执行者变成规划者和决策者。

自我决策、目标设定、寻找资源，驱动自己的行为，做出贡献，找到和组织的关联，提高自己和组织之间的黏度。

让我们看一个例子。在 W 公司的年度经营变革会议上，A 作为一个新成立的 BU（经营单元）的负责人，签完经营目标责任书后，云淡风轻地坐着。这时，领导走过来对这个多年协助他打拼的伙伴说："你似乎还没有真正意识到这次变革会带来什么变化……"

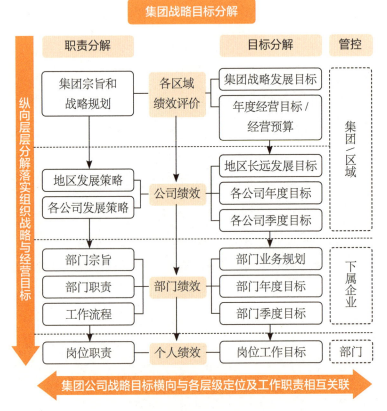

图4-3 传统金字塔型组织战略与经营目标传递

A手上的这份目标书是经过几次研讨会讨论才定下来的，从最开始大家忙着给各自的BU命名、申报、做业务规划书，到各BU针对各自的经营业务规划和目标规划（预期收益、市场空间、客户群体、团队组建、历史业绩与核心优势等）进行公开陈述、横向比对，再到最终确定成立几十个 BU 作为独立经营体。至此，公司从一体化的"公司化管理"变身为各 BU 自主经营。

A 也加入了这个队列，他希望离开领导的羽翼去独立发展。

这次 BU 的设立，打破了论资排辈的做法，公司鼓励以"创新、解决问题"为目标导向，由 BU 负责人自主设定目标，最后形成公司的新目标图谱。

此外，W 公司把目标图谱分为不同的挑战级别。一年以后，有些 BU 会成长起来，有些可能沉寂。但无论如何，作为第一次组织变革，把公司交给员工去经营，这是必要的学习过程。

自下而上的经营驱动，意味着小经营体要自定义经营目标，对内对外做出承诺——对组织、对自己、对经营体内部成员做出承诺；随后，从这个目标出发，开始经营之路，并力求在团队内部达成共识。

如何从经营者的思维角度，设计自己的目标图谱

从惯性（运营）目标、激励目标和激情（理想）目标出发，有助于对经营目标进行细分，对经营能力、经营资源进行分析和评估。

W 公司的领导曾经认真和每个经营团队讨论了如何确定经营目标，以及每个目标值背后的实现场景是什么。然后，他又对各经营团队的领队风格做了分析：有人是守业心态，不求有功，但求无过，跟着行业大势增长；有人是创业心态，对标外部标杆，

愿放手一搏。

目标需要区分层次，它不仅反映增长，还反映人和经营场景的互动作用，如此才能保障每个 BU 的成功。经营目标往往被分为三个驱动区间（见图 4-4）：

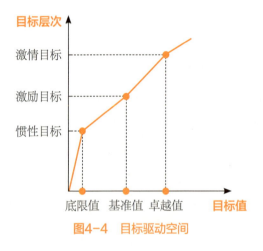

图4-4　目标驱动空间

（1）惯性目标：保持运营的目标，可以参考公司或个人历史业绩完成的情况。这是一个保障性目标，也是公司能接受的底限值。

（2）激励目标：在底线值的基础上，设定一定的目标增长空间，具有激励性。可以参考公司战略发展规划、经营增长预算、行业增长规律等。这个目标符合多数 BU 的能力和状态，是公司设定目标图谱的基准值。

（3）激情目标：设立有挑战性的目标，体现小 BU 追求卓越的特质，驱动团队成员追求卓越目标，创造超额业绩。选择有优秀内驱力、支持这个设想并愿意一起努力的员工来组成小团队，接受挑战。

每个小 BU 负责人都有在公司内部和外部选人、用人的权利，即按照自己的目标组建最合适的团队。

经营团队各自领命，各展拳脚，充分发挥大家的潜力和特质。

松耦合与内驱动，激发高挑战与潜能

绩效目标的松耦合可以打破组织禁锢，允许员工自己设计有挑战性的目标，通过"内驱"创造价值。公司基于员工对公司的贡献、创造的价值对其进行评估，而不是基于预设指标和完成情况进行评估。

例如，每个员工要提出"自己对于公司的三个贡献"，然后基于此进行绩效评估。有的公司允许员工拿出 10%～20% 的工作时间，去做和工作无关的事，研究自己感兴趣的项目。这不是不务正业，而是鼓励员工不受岗位固定职责的限制去创新。

谷歌推行 OKR（目标与关键成果）机制：自下而上，由个人提出目标。目标分为运营目标和理想目标两类：

（1）运营目标：这类目标是指完成公司的某项指标，例如产品发布、订货量、客户数量等。

（2）理想目标：努力的方向和目标，相比运营目标，更着眼于大局。例如，个人如何帮助公司进入一个完全不同的领域，或对某个市场进行革命。

OKR 机制更强调雄心，逐渐改变按照固定的岗位职责、目标与薪酬挂钩的传统管理模式，让员工成为经营体。

目标最好超出个人的能力范围。从完成结果来看，如果完成度在30%～40%，目标可能设置得太高，容易让人沮丧；如果完成度>90%，目标可能设置得太低，没有推动作用；而一个70%完成度的目标相对较好——它能让人了解个人努力的极限在哪里，还有多少上升空间。

当一个人在高挑战和高技能水平间达到平衡时就会有"心流"的体验产生，带来高度的兴奋及充实感。

与松耦合氛围相应的，是组织的容错机制或试错文化，即鼓励员工尝试，给予员工一些自主权（做什么、什么时候做、以什么方式做），能更好地激发其自驱力。

对于新业务模式、新领域等开拓性目标，很难预先设定企业的战略目标并分解到个人。企业可以利用"平台＋个人"的组织模式，不施加岗位和身份限制，让有想法、有能力、有资源的员工参与进来，进行"内部创业"，创造无边界组织。

阿里研究院曾发布文章说："在21世纪的今天，'公司＋雇员'这一基本结构的空间，已逐渐受到'平台＋个人'这一结构的挤压。'互联网平台＋海量个人'正成为我们这个时代一种全新的、显著的组织景观。"

每个组织都有期望实现的目标，但目标并不总是清晰易行的。自上而下由组织提出的目标和自下而上由员工提出的目标，两者结合形成总体驱动目标。组织汇总大量个人目标，将其作为组织目标，甚至60%的组织目标来源于个人。

组织模式变革也驱使绩效管理方式同步改变。在互联网平台上，有越来越多的人才聚集，如何收集、使用这些资源，发挥这些人才的离散价值，是设计绩效驱动模式的一个重要视角和考量因素。

　　这体现的不是"舞台有多大，心有多大"，而是"心有多大，舞台有多大"。

以个人为单元，核算经营贡献

当组织向员工赋权，员工以个人为经营单元自主经营时，发生在个人身上的变化是什么？

核算最小化——资源使用、成本费用等计算到个人

对个人来讲，人们开始关注自主经营意识的提高，对自己的"投入—产出"进行分析和评估，对个人的经营能力、经营资源进行分析和评估，激发自己的效能潜力。

对组织来讲，效益提高、成本降低，人均效能提高。

把个人当作独立经营体，可以利用"时间轴—场景轴"坐标系来展开个体经营思路，驱动个人在"时间效率和经营效果"等方面去建立经营性思维和经营评价指标，积累独立的价值贡献。

我们以 P 公司的员工自我经营机制为例。

P 公司是一家人才密集型企业，为客户提供知识服务。为保证每名员工在工作期间能专心投入，公司设立了非常有市场竞争力的工资水平和晋升等级。即每个人跨过用人门槛进入公司后，都有一份不错的保底工资（固定收入）。公司以年度为周期对员工进

行评价，在这个时间段里让员工自己去主导经营活动，公司根据每个人的经营结果决定下一年的职业发展计划（调薪、晋升等）。每个人的经营驱动主要从两个方面展开，如图 4-5 所示。

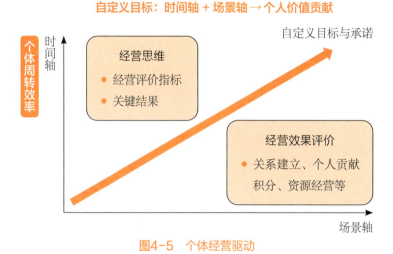

自定义目标：时间轴 + 场景轴 → 个人价值贡献

图4-5　个体经营驱动

1. 场景轴

每个人年底的考核采取 360 度评议的方式，但评议人并不固定。这需要每个人主动在公司平台上收集一年内自己的合作者对自己的贡献及价值的评议结果，汇集形成个人积分与反馈。例如，参与项目运作获得项目经理的评分，参与销售获得商务经理的评分，或外部合作客户的关键评价等。

对于公司平台上的资源，鼓励员工个人去主动开发和经营。例如，公司有整体的客户列表，客户资源分布在不同的业务部门，由不同的人对接。公司鼓励内部协作，为客户提供最佳服务。有经营意识的人会通过主动建立内部关系，了解客户信息，掌握丰富的客户资源，及时跟进客户的需求，并和其他人一起共同开发客户。久而久之，他就会拥有自己的客户和内部合作伙伴资源，具有在公司平台上生存和发展的能力。

2. 时间轴

公司的经营预算与核算也以员工个人为最小经营单元。

例如，对每个项目的预算，要先对项目任务进行分解，根据任务的难度 / 复杂度，确定需投入的人员和时间，再根据每个人的价值等级（个人单位价值，不同能力等级的人有不同的收费标准）、投入时间（总时长、有效时间占比）等来精细化制作项目预算。

公司业务以客户合作的项目为主，个人可以对每个项目展开评估，安排自己的时间档期，计算项目的投入时间和价值回报，提高自己全年的有效周转率。

这样的个人自驱经营模式是企业先信任员工，员工根据自己的学历、资历、经验、市场行情等要素评估个人价值，与企业针对薪酬进行谈判，然后开放式经营。最终，企业根据员工的价值和贡献，决定其晋升还是出局。

每个人从进入公司开始，在员工 ID 编号下就相当于建立了个人价值账户。随着时间变化，要不断给自己的个人账户增加积分。贡献下降的员工，收益增长空间也随之受影响，不会有加薪、升职等机会。价值贡献低于公司要求的员工，则处于出局的边缘。

个人价值贡献显性化、最大化

每个人从组织的执行者变成创造者，在目标驱动下，进一步分析"目标和关键结果"，从而发现并确定个体的价值和贡献。

员工在某个目标达成过程中做出的关键成果，甚至属于岗位职责外的贡献，也可以获得组织认可，以个人积分等方式积累到员工账户里。公司的这一制度旨在激励每个人主动开发自己的驱动目标。

在前文讲述的 P 公司员工自我经营的案例中，时间轴的经营评价指标，如时间效率、进度等，都是对基于"进度"或"里程碑"取得的关键结果的分析，能让人感知到自己的进步。每个小目标和结果的实现，都能激发员工的工作动力和创造性。

把大目标分成小目标，或把目标分出很多关键性成果、实质性进展，都能让员工基于工作进度去驱动自己。

例如，一个招聘专员，每天要给候选人发出面试通知等邮件。他对自己的招聘进度分析后，每当邮件数量达到 1000 件等关键数量时，便会进行标注，由此对比分析发出入职通知的数量，对自己的"投入—产出"和小目标达成率做到心中有数。这一做法驱动他在全年各个阶段都能根据招聘淡季、旺季制定不同的招聘目标和策略。

个体价值贡献应该是能够聚焦并且可以衡量的。

聚焦，即着眼于关键业务目标，列出关键选项，在"做什么"和"不做什么"之间有所取舍，让个体精力和资源有更好的去向，保证结果可以实现。

可以衡量，即能清晰地知道贡献点、贡献大小。

对组织来讲，要鼓励员工有价值的行为，使之成为价值创造者。从这个角度思考，很多司空见惯的工作场景都可以改变，来提高个体的价值和贡献。

[延伸阅读] OKR

OKR 即 "Objectives & Key Results"，目标与关键成果。

- O = Objectives：目标

对于驱动组织或个人朝着期望方向发展的定性描述，即"我们想做什么"。

- KR = key results：关键结果

定量描述。用于衡量指定目标的实现情况，即"我们如何知道组织或个人是否实现了目标"。

- OKR：实现目标的关键结果

设定一个"目标"，设定若干可以量化的"关键结果"，用来实现目标。

经营用户价值链

　　员工在转变为自主经营体后，决定其生存发展的是用户。小经营体需要思考自己的用户，找到自己存在的价值。

　　我们可以用"用户经营价值链"来表示全周期的用户经营过程，展示每个经营体与用户间的依存关系。如图 4-6 所示，从经营体建立对用户的认知（定义），到输出合适的产品和服务，为用户创造价值，以及用户对经营体产生认同、建立忠诚度，可以实现良性循环。

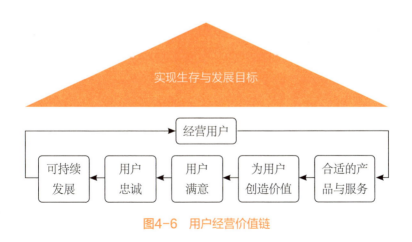

图4-6　用户经营价值链

是否拥有真正的用户

用户思维是互联网思维的核心。海尔集团对用户的定义（认知）是"有名有姓的人"。

海尔集团的用户经营目标，过去只以销售收入（经营价值）作为考核，后来逐步增加"用户流量"（网络价值）考核。例如，过去卖一万台产品就可以得到一万台的薪金，现在还需考核一万台产品有多少用户。这个用户的定义不是没有交流、不知身份信息的普通消费者，而是能够形成信息互动、产生情感连接的用户——这就是"将产品卖给有名有姓的人"。

是否输出对用户有价值的产品或服务

引入用户视角，思考为谁服务，这是一个关键性转变。

例如，在传统的金字塔型组织里，销售部门、销售人员直接和用户对接，他们对公司的贡献往往最容易被评估，因为"容易量化"。销售量、市场份额、销售收入等都是直接体现用户经营的指标。

而人力资源等后台职能部门，远离用户终端，常常看不到自己的直接价值。这些部门可以将其他部门和员工作为自己的服务对象，当成内部用户来经营，建立内部用户满意度等用户评价指标，引入内部市场化的服务机制。

此外，研发设计等部门，也常常因为不了解用户体验而缺少产品设计导向。

例如，有一家互联网科技创业公司，一直处于"项目多变"的忙乱状态。从源头上追溯，这是因为在项目立项时，多数以老板和内部专家决策为主。很多项目偏离用户需求，效果不理想。

后来，老板决定改变思维，以"用户导向、市场驱动"来进行产品研发。即从项目立项与调研初期开始，增加与用户沟通、让用户测试等环节，从源头上用户化。

任正非在对华为公司的组织进行优化时曾说，公司各条线都要重视用户体验。他把相关部门叫作"首席体验部门"。做战略规划首先要体验规划，规划的战略自己没体验，战略怎么能落地实施？质量与运营部也被改名为"质量运营与体验部"。

能够连接的忠实用户有多少

让用户因认同经营体的理念而追随，变成经营体的粉丝，是用户经营的更高境界。经营体能够引领用户的理念；用户能够给予有价值的反馈，帮助经营体改进，甚至共同经营。

许多企业在 OKR 实践中总结了反映用户经营"健康度量"类的指标，可以作为自我评估的参照：

- 财务度量类指标：收入增长率、净利润率、资产回报率等，可以持续审视用户的经营效果。

- 用户忠诚度：例如，给用户发优惠券等促销活动不是用户经营的目标，建立真正的用户关系，让用户带来长期价值才是关键成果。可以分析、观察用户群体中这类群体的占比和变化。

- 净推荐值：用户推荐产品或服务的可能性，表示用户忠诚度的持续性。可以从这类数据中观察用户形成的推广效应、带动效应。

为用户创造价值是一个动态的过程，而非一蹴而就。当你在创造自己的用户时，用户也在创造你。

例如，在管理咨询服务中，一个高质量的咨询项目，从销售阶段和客户沟通需求，到项目运作阶段满足客户需求，再到实施落地阶段实现客户目标、咨询价值，都是在客户深度参与并积极反馈的基础上产生的。最终结果是双赢（或双输），没有单赢，也没有单输。

海尔集团的"二维点阵"

在互联网时代，经营体与用户的价值交互过程，有很多的场景。海尔集团在"以用户为中心"的倒金字塔型组织变革后，以用户为导向，采用"二维点阵"，以最直接的路径来评价经营体的目标和关键成果，即是否及如何给用户创造价值，如没有创造价值就要自动退出。

海尔集团的二维点阵聚焦于两个重要维度：经营价值（市场

竞争力）与网络价值（基于用户交互）。

- 经营价值：市场经营的效果或竞争力位次，如销售收入、利润、平台交易额、市值等指标，即财务价值、市场价值等反映市场竞争力的指标。
- 网络价值：基于用户交互后用户认可的价值。驱动每个员工与用户进行交互，让用户参与创造价值，并且在创造价值的任何节点上都要交互，使价值最大化。

网络价值节点可以从三个关键点进行区分，这也是对用户价值经营的三个关键考核点：

- 迭代：和用户交互，然后不断改进和优化；让产品在用户的参与中完善。
- 拐点：网络效应爆发点，呈现倍数级增长，进入更大流量的发展阶段。
- 引领：引领用户需求，用户之间实现交互；能够引导市场和用户，实现颠覆性创新。

海尔集团对用户经营路径关键节点的分解，可以被理解为从用户流量、用户黏性，到最后用户引爆、用户规模增长的发展跨越过程。

- 用户流量：用户是否能不断流入，体现用户的多少和具有不断开源的价值。

- 用户黏性：用户的存留期是否长久，体现用户的持久价值。

- 用户引爆：用户引爆需求，创造爆发性突变和增长。

- 用户规模增长：用户之间可以交互，用户与经营体间形成信息互动、情感连接，体现用户经营的深度价值。

传统的大众媒体时代的"漏斗营销"模式，是面向广泛的大众进行品牌传播，对所有人进行同一的品牌推广活动，然后筛选出品牌的用户、粉丝，与之产生连接关系。这种方式效率低、成本高。

在移动互联网时代，爆款形成往往由于人们的自动转发。人们只会将自己有感触的内容在社交网络上传播。这就像"波纹效应"，一块石头在社交网络的湖面上激起波纹，并不断有人往湖中扔石头，从而使波纹持续传播。这是移动社交时代的传播特点。

这个经营过程反映了对用户经营效果的评价，蕴含着用户经营思维下的很多场景，每个场景都有用户驱动带来的变化和经营体为之努力的目标。

经营个人商业价值

自品牌的用户结构

随着个人身份的裂变，很多人开始拥有"斜杠身份"（多重身份），拥有自己的品牌，也随之开始拥有个人用户，在外部市场上具有商业价值。内容产品（数量、活跃度等）、用户指标（流量、转化率、用户黏度等）、变现能力等都反映了个人商业价值。

例如，自媒体的内容产品的发布数量，动态的参与人数、点赞数、付费人数、收入金额、定价等项目和数据，是对内容、粉丝、市场贡献等方面的经营结果，体现了自媒体的商业性价值。

多重身份让一个人可以直接接触不同的用户，与用户互动，听到用户的心跳。用"用户经营价值链"（见图 4-7）来思考个人身份对用户的经营过程，也同样需要考虑这些问题：

- 我是否拥有真正的用户？
- 我是否能够输出对用户有价值的产品或服务？
- 我能够连接的用户有多少？有多少是忠实用户？

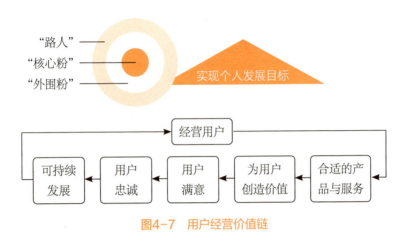

"路人"
"核心粉"
"外围粉"

实现个人发展目标

图4-7　用户经营价值链

让我们看一个例子。

曾经就职于新浪美食频道的秦朝，创建了垂直自媒体"餐饮老板内参"，专门对餐饮业从业者提供服务。创业之初，他和其他创始人在北京、上海、杭州、成都等地，到处寻访餐饮业从业者。从行业术语、生意模式、经营方法，再到餐饮业从业者的困惑与需求，秦朝不断学习并掌握相关知识，再将其转化成"干货"传播出去，制作对这个群体有价值的内容。

秦朝刚开始运营公众号时，每天随机和粉丝互动，每日最后推送的微信都会感谢一位读者。通过对这样一些环节的设置，日积月累，他逐步掌握了精确的用户结构。在他的40万名粉丝大军中，餐饮店经营者占40%左右，餐饮业创业者占35%左右，其余是餐饮业供应商。随着深耕用户能力的积淀，他的品牌知名度也随之提高。

推广自品牌，需要关注用户结构，找到核心用户，逐步建立有效的社交关系链，不断投放品牌内容。对不同的用户用不同的话题点对接，例如，有的人关注创业，有的人关注动漫世界。找准用户定位就能产生品牌黏性。

对粉丝的积累和了解，需要一个探索过程。粉丝可以划分为"核心粉""外围粉"以及"路人"等群体。

"核心粉"的积极作用

从建立之初，一个品牌就会有这样的粉丝出现：他们与品牌一起成长，给予积极反馈和基础流量的支持，参与产品或内容的迭代和创新。对这部分成员，应积极与之互动，包括举办线下分享活动等，以产生更紧密的联系。

品牌自身也会在这些互动活动中得到激励和坚持下去的动力。"不是一个人在战斗"，这也是核心粉对品牌的精神价值。品牌后面都是一个个人。粉丝也是人，品牌和粉丝交流，都是人和人的交流。这也体现了自品牌离不开社交的本质。

随着自品牌的成长，有核心粉丝长期跟随，品牌开始形成自身的引流能力。

"核心粉"对品牌的壮大有直接的作用，需要给予足够的关注。而"外围粉"和"路人"则是品牌的"群众基础"，他们意味着品牌的潜在机会，有助于品牌链式生长。

贯穿人类进化史的经营思维

《财经简史》一书指出，人类自原始文明进入农业文明时期，就开始了对"投入产出比"的追求。

英国古典经济学家威廉·配第曾经说过，劳动是财富之父，土地是财富之母。土地、劳动和资本是生产必需的。人类也通过发明各种耕种技术，提高农作物的投入产出比，同时通过改变对劳动者这一生产要素的管理方式来提高劳动效率。

战国时期，中国开始出现大量个体农民——自耕农。自耕农以家庭为单位组织生产，承担赋税。每个农户都是一个个体"企业"，有简单的生产工具，独立生产和消费。从共耕公田向"均地分力"转变后，农民的劳动积极性显著提高。

自耕农的广泛出现，促进了小农经济的发展。

但是，当农业生产发展到需要规模效益时，零散的自耕农就不能适应大规模生产的要求了。如何在生产条件和社会环境的不断变化下，在个体激励与规模效益之间取得平衡，提高生产效率？这一问题一直伴随着人类社会发展的历史进程。

专业化分工提高效率

柏拉图在《理想国》中提出，农夫不应该自己制造犁锄及其他农具。他认为，一个工作效率高的农夫不一定是合格的铁匠，所以，铁匠负责制造农具，提高农具的质量，农夫才能把庄稼种得更好。

这就是分工提高了生产效率。

工业革命时期，大规模工厂化生产开始取代个体工场手工生产，泰勒进一步提出"科学管理原理"来达到和稳定这种高效率状态。科学管理的核心是管理者要设计出最有效的工作模式，制定标准工作量，规划标准的工作流程，提高生产效率。所以，这个时期最典型的用于管理的工具是天平、秒表、游标卡尺。

例如，餐厅柜台高度、配餐顺序、工具尺寸、标准动作等，都不能由管理者主观臆断，而必须有实验数据作为依据。整个管理过程应当尽量数据化、可测量。

职业化管理提高效率

工业革命提高了机器的生产效率，管理革命提高了劳动者的工作效率。

19 世纪中期以前，各国企业的规模普遍较小，通常是家族企业，两三个业主就可以管理所有事务。

1860 年，美国最大的企业拥有 4000 名员工；1900 年，史无前例的巨型企业出现，员工数量达 6.5 万名。在规模经济时代，大就是美，大就是力量。

这类大型企业用什么样的规则才能使其有效率地运转呢？美国创立了职业经理人制度，使管理成为企业中的专业职能，有力地促进了企业管理水平的提高。

1923 年，通用汽车公司第八位总裁斯隆设计了一种多部门的企业组织架构，不同的部门为不同的消费群体提供服务，公司由大量不同级别、拥有不同职责和权力的经理人员共同管理，形成一个金字塔型管理系统，权力不再集中于一个人手里。斯隆被"现代管理学之父"彼得·德鲁克称为"第一代真正的职业经理人"。凭借这种独创的管理制度，通用汽车公司在短短 5 年时间内，从崩溃的边缘发展成为世界排名第一的汽车公司。

职业经理人的出现，是企业所有权与经营权分离的标志。企业从由所有者经营管理的小公司转变成由职业经理人经营的大公司。

经济学家马歇尔认为，管理是一种单独的生产要素，与土地、资本、劳动并列，皆为生产投入不可或缺的。与之对应，管理者也有权作为单独要素参与最终产出的分配。

在知识经济时代，智力资本将发挥更大的作用，人力资源资本化、股权激励与合伙人模式等相应的管理变革，也更加提升了人的要素价值。

人性化管理提高效率

科学管理使生产力提高，产生井喷的效果。同时，它也让人被物化——人必须跟上机器的节奏，成为机器的一部分。大机器生产在解放生产力的同时又使人类自身被奴役。

研究人本管理理论的管理学家法约尔提出，提高工人的生产率不应只靠科学管理，还要培养工人的责任感和乐于工作的态度。企业家要把人还原为人，而不是流水线上被异化的人。

瑞士钟表的精准度举世闻名。瑞士钟表业的奠基人与开创者布克发现：钟表匠在不满和愤懑中，要想圆满地完成制作钟表的1200 道工序，是不可能的；在对抗和憎恨等消极情绪主导下，钟表匠要精确地磨锉出一块钟表需要的 254 个零件，比登天还难。真正影响钟表制作准确度的不是环境，而是工人制作钟表时的心情。

在过分监管的地方，很难有奇迹发生，因为人的能力唯有在身心和谐的情况下才能得到最好的发挥。

瑞士钟表业一直秉持布克的制表理念，不与强迫工人劳动或克扣工人工资的外国企业合作。

创建了两家"世界 500 强"企业的稻盛和夫把"敬天爱人"确立为社训，他认为"道义、情感、人际关系，还有信任感、亲密感，这些维系人类社会存在数千年的基本要素，都可以被转化成生产力"。

第 5 章

打造高效自驱型小团队

小团队成为一种新型工作模式

在传统的等级化（层级制）管理模式中（见图5-1），位置决定想法：员工关注本岗位职责与工作流程；部门经理关注本部门职责与工作流程；副总经理关注本系统职责与工作流程……

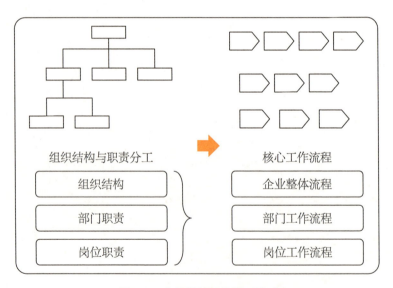

图5-1　传统的等级化管理模式

各部门和岗位都有各自的本位思考，"部门墙"弱化了整个组织对外部环境的适应能力，也不利于组织的内部资源和人才流动、组合，最终影响组织的效率和竞争力。

在充满不确定性、复杂性和模糊性的环境下，"稳定＋灵活"的组织结构可以对外部变化快速做出响应，在保持一定稳定性的基础上，发展多元化的、灵活的小团队来及时响应用户需求，提供高效的动态服务（见图 5-2）。

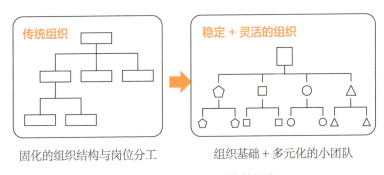

图5-2　从传统组织到高效团队

- 具有稳定性的组织基础：高层团队确定的组织使命与方向、组织中台和后台的支持、标准化的核心流程等，保持组织的稳定性。
- 具有灵活性的小自主团队：每个团队有自己的目标和自主决策权，从客户端的需求出发，到客户端的需求被满足，围绕客户形成闭环，快速决策和应对变化。

海尔集团在互联网时代进行组织变革，形成倒金字塔型组织。员工与客户直接对接，作为自主经营体、自组织来直接决策，创造和满足用户需求，快速并准确决策，弥补了决策流程太长、反应迟缓、员工被动的缺陷。

同时，小团队通过自我配置、自我发展、自我迭代，来保持活力。

小团队运作打破了"各管一段"的传统组织形态。各个小团队之间也更容易寻找内部协作的机会，形成一个彼此关联的网络。随着组织内部各个团队之间合作能力的增强，整个组织从自上而下的层级式管控变得更有自组织性，结构也越来越扁平。

《人力资本》杂志执行主编唐秋勇先生指出："企业组织结构需进一步网络化、去中心化、扁平化，而以特定任务为目标的工作团队将成为组织的常态结构，实现集群智能的自主式控制和组织，更好地适应互联网时代。"

在这样的发展趋势下，组织开始以各种小团队作为基本单元。团队合作将成为主流的工作模式之一。

像找伴侣一样挑选价值观一致的成员

没有明确的使命和奋斗目标，没有共同的价值观，没有共享，没有互信……这样的组织是一盘散沙，很难称为团队。

如何打造一个团队，尤其是自驱型团队呢?

价值观管理

要打造一支能够完全自驱的团队，在管理机制上就要进行价值观管理：找到可以共享的团队价值观，选择价值观一致的人。

- 在团队组建、人员招聘时，重视成员与核心价值观的匹配度，像选伴侣一样选择正确的人。

- 在团队评价上：从价值观的角度，对团队成员的行为模式进行考察与评价，通过共同的价值观来凝聚团队。价值观落地，要经过对行为模式的检验。对不符合价值观要求的行为进行提示，持续改进，不破坏团队整体氛围。行为评价可以用不合格、合格、良好、优秀、标杆五个等级进行区分。

阿里巴巴将自己的核心价值观的 6 条主要原则——客户第一、团队合作、拥抱变化、诚信、激情、敬业——称为"六脉神剑"，并进一步将每项细化为 5 个等级，共计 30 项行为标准，与员工的实际行为进行比较。公司员工遵照统一的价值理念和行为标准，使整个组织的导向保持不变。

例如，"客户第一"的价值观选项的等级是逐级上升的，如表5-1 所示。

表5-1　阿里巴巴的价值观考核（客户第一）

等级	客户第一
5	具备超前服务意识，防患于未然
4	站在客户的立场思考问题，在坚持原则的基础上，最终使客户和公司都满意
3	在与客户交流的过程中，即使不是自己的责任，也不推诿
2	微笑面对投诉和受到的委屈，积极主动地在工作中为客户解决问题
1	尊重他人，随时随地维护阿里巴巴的形象

以客户为导向的价值观考核在实际操作中面临一些难点，不同的人有不同的观念，存在很多认知上的分歧。如果团队不考虑清楚如何看待客户，在团队成员分头作战的时候，就不能引导团队成员按照团队期望的方向行动。

让我们看两个例子。

团队成员甲奉行"倒推原则"，严格以项目合同约定的内容作为行为准则，不考虑实际执行过程中客户提出的相关需求，避免因为额外投入而提高成本。对此，阿里巴巴提出"站在客户的立场思考问题，在坚持原则的基础上，最终使客户和公司都满意"。

团队成员乙为客户设计的解决方案是理想化的，但受限于客户的能力、内部利益关系等实际情况，有很多暗礁潜伏在方案推进的过程中。是止步于方案，把设计和落地实施分开、划出责任界限，还是前瞻性地预见实施中出现的问题，提出实施建议？对此，阿里提出"具备超前服务意识，防患于未然"。

有的团队秉承"拿多少钱办多少事"的理念，有的团队则从客户满意度、长期维护等角度看待客户关系。不同的团队有不同的客户理念，没有绝对的对与错。但是，在不同的理念下，一定会有不同的结果。关键在于，团队在初建时就要思考自己对内对外的行为方式，并让大家接受和认同。如果团队成员价值观不一致，莫衷一是，很难一起走得长远。

以团队价值观增加客户的黏合度

明确的价值观不仅可以成为团队的行为标准，还可以体现产品的理念和内涵，增加客户群体的黏合度。

小米公司的理念是打造极致产品，聚集价值理念相同者。小米生态链上的多家企业可以研发、销售自有品牌产品，小米公司向它们输出自己的产品观和方法论，通过产品协同等方式，形成紧密的联盟关系。

小米公司的投资团队成员大多是工程师出身，了解小米的产品和技术后面的价值理念，了解小米的产品标准线，这使小米的生态系统得以传导和繁衍。在客户中间，小米公司也找到很多"发烧友"，参与小米产品的设计和迭代，双方紧密交织在一起。

在移动互联网时代，价值观已经成为影响社交关系的潜在因素。企业价值观隐含在团队成员的认知里，包括产品设计、工作成果中蕴含的产品理念；同时隐含在社交体系里，包括与客户建立的心理契约。小米公司的客户在使用、追随其产品时，也在欣赏、追随产品后面的设计理念。共同的价值观可以成为凝聚社群、黏合粉丝的通路，使社群的受众认可度更高。

在"组织＋多元化"的小团队工作环境中，公司确定使命，小团队以责任和结果为导向实现自驱。共同的价值观是组织与团队、团队与团队、成员与成员之间的连接纽带，彼此在动态协作中保持稳定的关系，使整个组织不会变成一盘散沙。

对团队价值观的萃取

团队价值观体现在团队行为标准、产品理念、客户社群等方面，整个组织由内向外进行价值传导。

对于价值观的萃取，可以从这些方面进行考虑：

- *如何看待客户？*
- *如何看待自己的产品？*

- 如何看待团队关系和工作态度？
- 如何看待团队成员的贡献和团队的业绩？
- 如何看待团队的成长与创新？

……

例如，阿里巴巴的核心价值观"敬业"是关于工作态度的，具体的行为标准从 1 级"上班时间只做与工作有关的事情，没有因工作失责而造成重复的错误"的初级阶段的敬业态度到 5 级"遵循但不拘泥于工作流程，化繁为简，用较小的投入获得较大的工作成果"这一更高的职业态度和职业追求。虽然只有 5 个等级，这一项却打开了一个人逐步成长的职业境界，不同人的不同表现高下立现。

价值观的形成是动态的，首先来源于组织的核心价值理念，再细化成符合团队个性特点的行为标准。

小团队的价值观可以由团队召集人提出，在团队内进行讨论；也可以在团队建设过程中，逐步清晰，形成集体共识。

团队成员要将团队价值观不断磨合、内化于心，使其成为团队成员间的纽带，形成彼此的心理契约，并伴随人员调整，及时进行优化。随着团队成员的流动，合适的人留下来，不合适的人离开，团队价值观也会同步更新。

职场"社群时代"已经来临。社群是为共同的价值理念和兴趣爱好而聚在一起的人群。社群成员不是传统的"雇佣关系"，不仅依靠具体的合作协议来框定关系，而且为共同的目标和追求聚集在一起。

[延伸阅读] 价值观与社群凝聚力（引自《斜杠思维——如何打造独特而强大的自品牌》）

每个人都生活在不同的社群里：喜欢运动的社群、分享育儿经的妈妈群、各种职业社群……在同一个社群里的人，价值观和审美观念一定是互为认同的，这样社群也会变成有强大凝聚力的精神家园。价值观可以通过品牌、个人人格和文化等载体进行输出。

1. 共享价值观，攒出品牌内聚力

构建与他人共享的价值观，需要先了解自己认同的价值观，以及通过自己的服务会给哪些群体带来怎样的价值。

能共享的价值观，可以成为凝聚社群、黏合粉丝的通路，推动品牌愿景和目标的实现。

2. 打造个人的人格化 IP，产生共鸣与共振

人格塑造的核心，就是传递、输出价值观。

这需要了解自己的价值认知，挖掘出价值因子，形成独特的价值观。与客户 / 粉丝产生理念共鸣、情感共振与深度互动，展现独特的人格魅力，变成人格化 IP。

3. 塑造小众社群的亚文化，产生社群黏性

小众 IP：指在细分领域的影响力、领导力，通过垂直的内容获得精准的客户。

小众 IP 的亚文化：通过对细分领域的情境塑造，打造独特的氛围，形成一种亚文化，产生社群黏性。

建立共享机制，打造网状团队

拥有一致的核心价值观，降低了团队成员间要达成共识的成本，增强了团队成员间的信任。团队还要建立共享机制，促进成员间的交互，增加团队成员的沟通密度。

在传统组织里，一个人的岗位、层级、工作关系都比较固定——上下级、同事、外部客户等，信息和指令自上而下传递，属于比较固定的工作圈子。

在新型团队里，全体成员彼此联系，形成一种"网状关系"（见图5-3），彼此的关系更加开放和平等，信息不再由管理者自上而下传递。

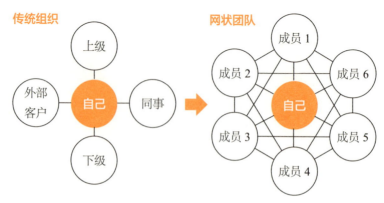

图5-3 传统组织关系和网状团队关系

基于网状的团队关系，我们需要思考，如何构建整个团队的共享机制，让团队成员能更好地自我驱动、自主决策。

营造透明的团队关系

团队的管理者要改变整个团队围绕自己指挥棒转的管理方式，让团队成员直接交流，形成从分享到共享的团队文化，包括每个人的行动计划与动态、工作目标、知识技能和经验等。

（1）计划共享：及时发布自己的计划与动态，了解别人的动态，关注事情进展的节点，获取对自己有价值的信息，与资源对接。

（2）工作目标与成果共享：展现自己的工作目标、核心优势和业绩，分享个人的工作成果与经验，可以制作个人产品手册，通过分享扩大自己在团队中的影响力。

（3）主动寻求团队成员的帮助，也为团队成员提供自己的建议；主动参加团队会议、发起有价值的讨论话题。在团队中保持一定的曝光率，参与互动探讨，保持活跃度。

随着团队的不断扩大，很多团队成员之间的了解可能只限于团队群里的一个微信用户名称；随着时间的变化，一些不活跃的微信用户就慢慢变成其他伙伴眼里不相关的人。有一位团队管理者发现，有的微信用户几乎从未在群里活动过，他们更多的是和管理者单线进行交流。于是，他开始思考，让大家横向交流。

管理者在团队中的角色也要转变，从员工事事请示上级，转变成创造团队交流的氛围和机制。透明的团队关系才能让团队成员之间产生信任。

阿里巴巴提出"因为信任，所以简单"，大家互相信任，没有过多的顾虑和猜忌，问题就会变得简单，工作也因此更加高效。

建立团队伙伴评价关系

在传统组织里，个人表现主要以上级的评价为主，网状团队更重视团队成员的评价和反馈。

（1）用多种方式表达对团队伙伴的支持，具备客观评价他人的能力和心态。例如，及时表扬，不过度强调"我"，多提"我们"，不随便给人贴标签。对新成员提供指导时，如果总是采用"三句半"模式，一件事情说完后加半句负面评价，甚至说出"你是新人，经验还欠缺"等伤害新成员信心的话，或针对他人特点贴上"你是博士，凡事喜欢研究"等刻板标签，就会引起对方的不适和反感。

（2）对团队伙伴及时反馈，减少不必要的等待和猜测。这不仅体现尊重，也会提高团队的工作效率，塑造轻松的沟通氛围。有的团队会把这个要求写到团队手册里，形成良好的团队习惯。

（3）团队集体定期对工作复盘，也可以在每项任务结束时复盘。团队成员一起反思，有利于进行更系统的总结，形成经验积淀。这是一种良好的团队习惯。

通常来讲，组织内的评价关系只有上级、下级、平级等线性关系。通过参与虚拟组织、加入任务团队，一个员工在组织内的关系网络会从稳定的线性关系不断扩充为网状关系。

围绕一个人钩织的网络越密集，说明其被需要的场景越多。

例如，京东建立了配套的"网状评价"信息平台，实时收集、汇总和分析所有网状关系人的评价和反馈，如外部客户、合作伙伴、供应商等。最后，以个人为中心，评价每个人在多个任务场景中的贡献。

上述两步，逐步让团队成员彼此了解，有助于团队成员充分参与团队建设，管理团队的重要事项。

建立团队自主决策方式

团队管理者需要促进团队的"可视化管理"，拆开团队内部的"墙"，让每个人做的事都可以被别人看到。

有一个小团队的重要会议，除团队成员外，其他团队的成员也可以参加。

在决策前后保证信息公开，包括经营信息、财务信息、客户信息等，使团队成员知情，能够真正自主决策。

例如，海底捞在门店间建立"抱团小组"，将各个门店组合成紧密合作的网络关系。海底捞将距离较近的 5 ~ 18 家门店组成一个抱团小组，让最有能力的店长成为组长。

抱团小组为海底捞带来什么好处？

抱团小组实现"区域自治"，使各个门店互相帮助。抱团的门店分布在同一地区，共享信息和资源，具有共同解决当地问题的能力，亦可提高当地门店管理的透明度和效率。

抱团小组实施因地制宜的自我管理措施，为顾客提供个性化服务，自主决定员工的晋升和聘用，对总部实现由下至上的区域性支持。

如果把各个门店看成独立的团队，抱团小组是从小团队走向大团队的过程，避免单一门店独立面向市场，成为一个个封闭的小圈子。

总部在采购、食品安全监督、产品开发及财务等方面为各门店提供支持，各门店可以专注于为顾客提供服务。在这种统一指挥下的抱团组织中，可实现"稳定＋敏捷"的组织功能。

从封闭的岗位到开放的团队，个人心态和工作习惯都会面临新的挑战。对于高效运作的团队而言，团队间的帮扶作用很大，在管理上也更加灵活，更强调自驱。

每个人都需要打开自我，面向多元化的伙伴。那么，组建一个什么样的团队就变得至关重要。

寻觅最佳团队组合，培养团队特质

　　某企业经过并购重组，新建立了分管公司各个领域的高层领导团队。但是，各团队自组建以来一直摩擦不断，最终并没有实现公司预期的增长。经过对高层团队的诊断，公司发现每个人的工作背景、能力与经验等非常相似，整个团队同质性有余，而差异性不足。高层团队成员的职务都是副总，大多是从工程管理业务部门成长起来的，熟悉这个领域的业务知识。高层团队成员大多具备工程项目管理能力与成功经验，大多有管理独立分公司的经验。

　　因为同质性过高，领导班子的能力、特点比较单一，也就造成了团队综合能力的缺失。该公司在国内外市场营销、工程设计、投资和融资等关键环节缺少符合要求的管理人才。同时，领导班子成员原来都是"一把手"，相互之间很难配合得当。

　　因为这种"先天性"原因，公司决定对高层团队进行重组。

　　这个团队中的每个人原来都是成功的，也因此有了进入该团队的资历。但是，将他们组合在一起并没有实现"1+1>2"的团队协作效应。

　　如何组合团队，影响着一个团队的成功和稳定。团队成员角色互补，能凸显每个人的独特价值，彼此有效协同。

在公司化的管理环境里，往往强调标准化管理、共性需求，而容易忽略每个人的差异。

实际上，团队成员个体差异带来的影响无处不在。人无完人，但都有特质，需要在团队合作过程中识别。

导演李安说，在每部电影的拍摄过程中，如何发现每个明星主角的特质，然后采取合适的方式进行合作是最考验导演的。李安曾经和休·格兰特合作，刚开始并不顺利。李安发现他不愿意与其他演员并排拍戏。但是，只要采用对向站位，他就会听从安排，导演让干什么他就干什么。

如何用好明星？李安说，明星有一些习惯和心态，每个人的特质都不一样。对于格兰特，给他合适的站位，一切就变得简单了。

小团队作战，更需要从普遍性的、宽泛的描述中发现每个人的特质，组建最佳团队。在这个过程中，需要遵守一些参考原则。

掌握每个人的特质

了解每个人独特的地方，了解每个人对别人、对团队有价值的特质，评估每个人与团队的匹配性。影响团队匹配性的特质如图 5-4 所示。

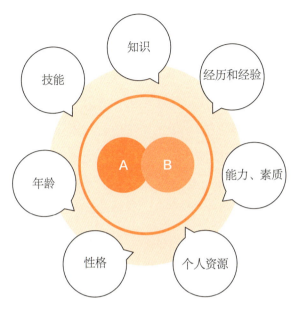

图5-4　影响团队匹配性的特质

1. 知识、技能、经历和经验

知识的深度与广度、技能的熟练程度，成员之间若能互补，则会使整个团队的知识结构比较完整，也给团队带来多样性。

《多样性红利》的作者斯科特·佩奇认为，群体表现与群体多样性和个人能力都有关。最好的群体必定包含既有多样性又能力出众的个人；思维方式相同的人会停留在相同的地方。

身份多样性群体的表现，往往会胜过同质性群体。只要多样性个体组成的群体不相互争夺资源，也不拒绝沟通，认知多样性红利就会滚滚而来。

2. 能力素质（严谨细致、分析判断、责任心、客户导向等）

团队成员 A 和 B 曾经一起完成一项时间紧、挑战性高的任务，组织客户开设"团队建设"工作坊，针对跨部门协作问题，组织各部门核心人员进行研讨，达成共识。

但是，A 和 B 围绕工作坊的计划安排，产生了不同的想法。

A 的特点是：凡事希望尽善尽美。B 的特点是：如果某项工作可以做到 70% ~ 80%，就不会再等待。

A 是一个做事讲求完美的人，会议前想留一些准备时间，阅读资料，做一些预案。B 则主张抓紧时间，赶快执行任务。如果时间临时变更，B 能从餐厅直奔会场，直接开讲。

有时客户方面争执激烈，难以调和，A 担心会议现场失控，因而对客户的情绪更加敏感。B 则不同，每次都能立刻进入战斗状态，几乎没有犹豫。

如果完全按照 A 的做法，会影响任务完成的进度，如果完全按照 B 的做法，会影响任务完成的质量。当"完美主义者"A 和"高执行力者"B 遇到一起时，二者应当换位思考，多从对方的角度来优化自己的想法，争取更好的效果。例如，A 帮助 B 思考，B 帮助 A 学会自我减压。这种合作像照镜子一样，能时刻让每个人清晰地看到自己的特点，亦能增加团队整体解决问题的能力。

团队成员互相弥补的心态很重要，否则会有怨气和冲突。每个人能认识到别人的长处，了解自己的不足和需要帮助的地方，这是组建团队的关键。

因此，当我们在团队中遇到与自己想法不一致的人或发生冲突时，首先应用包容的心态看问题，其次以结果为导向来评估问题。先就事论事寻找解决方案，在事后复盘时再寻根溯源，探讨彼此的差异及其影响，以便日后再合作时，能更加了解对方。

3. 年龄、性格、个人资源

影视界继"看颜值"现象后出现了新的变化："老戏骨"和年轻演员组合，兼顾演技与颜值经济，既满足观众的需求，又通过老演员带动年轻演员成长。

不同年龄段的人，在经验和阅历、思维方式、心理承受力、体能等方面，都会存在差异。"混龄"组合能让团队保持合适的年龄结构，还能发挥"传帮带"的作用。

不同性格的人在一起，能让团队氛围更活跃。有的人是研究型，偏内向，喜欢在后台研发；有的人是社交型，偏外向，喜欢在前台活动。有的人情绪控制能力强，有的人情绪容易外露。那么，不同的场合就可以由不同的人主导，或者将其搭配在一起，使整个团队有活力，也不失沉稳。每个人都能选择最令自己舒适的角色，也能让团队在面对不同的外部关系时，更灵活地应对。

个人资源包括个人社交网络、职场资源等。互联网时代，每个人都有自己关系密切的社群。有的人擅长自媒体，能聚集新的公众粉丝，有的人擅长小圈子经营，有稳定的人脉关系。让具有不同特质、不同资源的人互为补充，整个团队的社交结构也会更丰富。

给每个人评价权和选择权

给予每个人评价权、选择权，能让团队成员更好地合作，并逐渐淘汰不合适的成员。

以项目团队为主要合作模式的咨询公司，有时在任务结束后，会针对每位成员做出两项评价：一项是针对项目成员个人能力和工作表现的"单独评价"；另一项是"匹配性评价"，即"你是否愿意与其他成员继续合作"。后者给予每个人再次选择合作伙伴的权利。项目经理可以选择适合自己的项目成员，项目成员同样可以选择适合自己的项目经理。一个人即便个人能力非常出色，也可能因为团队匹配性不佳，而没有被选中。

项目经理在组建新团队时，除了解备选成员过往的个人经历以外，还要与之直接交流，判断彼此能否合作顺利。

有经验的项目经理，在项目开始后的初期阶段，就能快速了解每个成员的特点：一方面能够根据每个人的特点合理分工，另一方面能够尽快判断成员可能带来的风险。

在团队中，一些逐渐不被大家选择的成员，会面临找不到合适的合作伙伴的境况。

寻找最佳的团队组合，对团队领导者和团队成员而言，都是一个重要的选择和锻炼。要有能力评估别人，也要有能力洞察自己。好的团队需要反复打磨。

另外，团队成员能力互补，但价值观要一致，才能真正促进彼此的认同。

例如：A 成员非常在意个人品牌形象，有较强的自尊心，坦诚对待客户和同事。B 成员具有很强的商业动机，在合作过程中，经常为获取订单忽悠客户；获取订单后，又常常不兑现承诺。爱惜自己羽毛的 A 和缺乏职业底线的 B，很难长期合作下去。

"道不同，不相为谋"，团队成员价值理念不同很容易使合作"崩盘"，这甚至超过其他因素的影响。

选对团队成员，重视彼此承诺

在传统组织里，整个部门成绩好，个人却不一定好；公司经营得好，每个部门却不一定都好。在团队合作下，个人和团队都需要做到最好，承担好自己的角色。

在自驱型团队里，每个人在职责范围内，都可以根据对自身角色的理解，设定自己的行为模式。

团队成员需要承担自己应承担的责任，对自己的工作成果负责，以符合团队对这个角色的期望。

良好的团队作战，需要团队中的每个人都有对团队的承诺，以及彼此的承诺。

致力于建设员工自驱型组织的马克华菲，其经营哲学是"全员达成共识"。这里的关键点在于，找能做到"10 分"的战士。

选对团队成员，而且每位成员都能做到"10 分"（不是 8 分），清楚自己的位置、任务。只有这样，一旦开战，每个成员才会在不同的位置发挥作用，整盘棋就活了。只有几个领袖人物为目标兴奋没有多大意义，必须让每个团队成员都兴奋起来。

让我们看一个例子。

团队管理者 X，每次接到任务订单进行分配时，都会选择他认为最合适的人员来组成任务团队 1。然后，在持续跟进任务的过程中，X 经常依据自己对任务的判断，频繁变换人员，组成任务团队 2、3……每变更一次团队成员，就会导致之前的参与人员的积极性开始下降，完成任务的动力开始衰减。时间久了，每当 X 再度召集任务团队时，其他人会抱着谨慎观望的态度，不会全力投入。X 也因此一直难以获得成员的承诺。

X 的团队管理误区在于，简单把人当成砝码来增增减减，忽略了人的自主性。当每个人对自己的任务、责任和努力过程无法掌控时，就难以全力投入。

在社会心理学中，有一个术语叫"责任扩散效应"。

心理学家拉特纳与助手设计了一个实验，假设有人遇到了危险，需要救助。在这种情景下，研究者观察目击者独自一人时的反应和有其他人在场时的反应是否有差别。

结果显示，被试者单独一人时，70% 的人会试图以不同方式对遇险者提供帮助。当两个被试者在场时，其中一人试图提供帮助的比例为 40%；而如果将其中一名目击者换成无动于衷的假被试者（即研究者的助手），则仅有 7% 的被试者尝试提供帮助。只有一个目击者时，遇险者反而是安全的，因为唯一的目击者会认为自己是必须提供帮助的人。他人的存在与态度造成了明显的观众抑制作用。

当人们认为可施救的人数增多时，自己救人的责任就减小了。

每个人感受到的不是"我有责任",而是"我只有一点责任"。这也是经常出现的情形:有人遇到危险,在车厢或闹市中,围观的人很多,却可能无人施救。

对于高度自驱的团队成员来讲,团队不是一盘散沙,每个人都把团队成员与外部客户一样视为自己的客户,负有"端到端"的百分之百的责任。一项任务,从自己出发,要始终跟进,直到最后落地完成。每个团队成员要以结果为导向,有高度的责任感和使命担当感。

高效的团队需要合理控制规模

　　一个团队的组合，除内在的配置外，还应该考虑合理的规模，以保持高效的驱动力。

　　360 公司的创始人周鸿祎曾提出一个问题：为什么大公司的一个部门干不过小公司？"因为大公司业务太多了，每周开例会，某些部门的业务问题可能排不到前 10 名来讨论。大公司内部也钩心斗角，不互相支持。一个大公司尽管钱多、人多，但因为公司大了，所以更不敢冒险投入。"

　　所以，大公司规模大，但容易出现冗员、内耗等弊端。个人的价值如果不能发挥，慢慢堆积在组织里，就会造成组织的僵化。小公司最大的优势就是，如果只完成一件事，只研发一个产品，只设计一个功能，就能调动所有的人力，做到极致。

　　小团队的优势是把每个人的能力发挥到极致，把团队成员间的合力发挥到极致。除团队人员的配置以外，团队人员的数量对团队能否高效运营也有很大的影响。

　　基于此，亚马逊公司创始人贝索斯曾针对团队规模提出"两个比萨原则"。

　　团队人数应该少到用两个比萨就能喂饱，规模小的团队能完成的事比规模大的团队多，团队里的人不会花太多时间玩权谋，争名逐利。

团队管理者和团队成员都需要关注团队成员的数量变化，合理控制团队规模。合理的团队规模应该保证对每个人进行关注，让每个人的绩效水平能够维持。我们可以从以下方面经常进行评估和反思：

- 我们能否清晰了解每个人的优势和特质？是否觉察到团队成员心中所想、所虑？
- 团队能否凸显每个人的角色？团队内有没有"搭便车"的成员？
- 是否了解每个人的目标和工作动态，并进行高频沟通和针对性反馈？
- 每个人的贡献是否被关注？对标外部同类型团队，团队的人员数量、人均绩效、整体绩效处于什么水平？

……

团队的规模也受团队的业务性质等因素影响。例如：团队的工作性质比较单一，团队的规模就可以适当扩大；团队管理者的管理能力和团队成员的自主能力比较弱，团队就可以考虑吸纳新的人才。

何为理想的团队规模，每个团队要在实践中不断地摸索。对于这个过程，我们可以参考组织设计中的一个关键要点——保持合适的管理幅度。

[延伸阅读] 管理幅度（引自《组织设计思维导图》）

在组织里，一个管理者能够直接、有效管理的下属数量是多少？

什么是管理幅度？

管理幅度：指管理者能够直接、有效管理的下属数量。

英国著名学者科尔·厄威克认为："对于任何管理者而言，最理想的下级人数是4个人；在基层组织里，由于职责重点是执行具体的任务，这个数目可以扩大到8～12个人。"

厄威克认为，管理人员应该知道自己的管理幅度是有限的。由于经理人员的关注方向、精力和时间都是有限的，所以其最适宜的管理幅度是5人或6人。这一结论和心理学中一个人同时关注的对象不能超过7个如出一辙。

法国管理学家法约尔认为，每名经理人员通常拥有不超过4名或5名直属下级。有学者对此进行了数学说明。研究结果显示，随着经理人员管理幅度的增加，经理人员和下属之间可能存在的相互作用关系数将呈几何级数增长。

例如，第5个下属的加入会使这种关系数由44上升到100；而第8个下属的加入将使这种关系数由490增加到1080。在日常工作中，这些作用关系只有很少会真正发生，但很明显，每增加一个下属都会给经理人员带来一些新问题。

管理幅度小的主要优点是上下级之间有便捷的信息联系；主

要缺点是上级过多介入下级的工作。例如，那些主张密切监督专业人员的公司将会面临人才流失的情况，因为优秀的专业人员很少愿意在被严密监视的环境下工作。

过大的管理幅度也会带来一些局限性。例如，主管不能对每位下属进行充分、有效的指导性监督，员工工作的盲目性和失误的可能性增加；每个主管从较多的下属那里获取信息，众多的信息可能淹没了其中最重要、最有价值的内容，从而可能影响对信息的及时采纳和应用。

限制管理幅度的因素是什么？

合理的管理幅度可以通过采取一些改进措施来实现。

1. 职权授予

如果管理者把职权明确地授予下级，让他们执行某项具体的任务，那么能够胜任的下级无须占用管理者过多的时间和精力就能按要求完成任务。反之，如果授权不当，管理者必定耗费大量的时间去监督和指导下级。

2. 管理方式

管理者持 X 理论还是 Y 理论，直接决定着管理幅度的大小。

如果信奉 Y 理论，假设员工是能够自觉认真工作的，并推行相应的管理方式，则可极大地提高下级的工作热情。这样，管理者不仅能够促使下级承担更为艰巨的任务，而且使其工作能力增加，管理幅度自然得以增加。

如果管理者实行 X 理论的管理方式，认为员工需要加强监督才能有效工作，那管理幅度则趋于减小。

3. 人员培训

下级所受的培训越专业，管理者处理上下级关系需要的时间就越少，彼此接触的频率就越低。管理人员工作能力强，可缩短处理时间；下属工作能力强，可提高效率。

训练有素的下级失职的概率下降，使管理者对其指导的时间减少。因此，对于经过正规、全面培训的下级和受过良好教育的专业人员，无须过多监督，管理幅度相对更大。

4. 组织稳定性

如果管理者在一个发展变化相对缓慢的环境中工作，则比在一个起伏不定的动态环境中，拥有更大的管理幅度。

在组织变革期，管理者需要控制管理幅度，灵活应对环境与政策的调整与变化。

5. 控制客观性

下级的工作一般依据计划来实施。如果计划明确，标准化程度高，不仅下级易于理解和执行，而且管理者能够及时发现偏差，采取相应措施；那么管理者就可以避免将许多时间耗费在亲临现场观察和控制上，管理幅度自然可以适当增加。倘若标准化程度低，那么一切就变成相反的情况。

6. 沟通方法

管理者采用的沟通方法也是影响管理幅度的因素之一。如果所有的计划、指示、命令都要管理者亲自传达，那么管理者需花费大量时间。管理者如具备简明扼要地下达计划和指示的手段与能力，就有助于扩大管理幅度。

有效的管理幅度究竟应该是多少，需要具体评估影响管理幅度的各种因素后决定。

下面的管理幅度影响因素诊断表（表5-2）显示了8项主要影响因素，管理者可对比管理幅度设置情况，对组织管理幅度的合理性逐一判定，找出其中不合理的地方。

表5-2 管理幅度影响因素诊断表

序号	因素	管理幅度小	管理幅度大	常见现象举例	诊断结论（管理幅度）		
					合理	偏大	偏小
1	人员素质	领导或下属能力与经验不足，可以降低控制幅度	员工训练有素，在日常工作中容易做出决定	没有根据下属的具体情况调整管理幅度，造成管控过严或过松			
2	沟通渠道	公司沟通不畅，不能有效指挥工作与得到反馈，需要降低幅度	公司目标、决策、命令可迅速而有效地传达，领导可加大幅度	工作脱节、扯皮，需要占用管理人员较多的时间进行协调，以敦促工作完成任务			
3	工作内容（工作的复杂程度）	非常复杂	日常的、简单的，如流水线	领导分工没有充分考虑工作的复杂性			
4	专家运用	没有专业顾问沟通协调，需要降低控制幅度	利用专业顾问沟通协调，可扩大控制层面	设置智囊团、咨询机构，参谋助手等帮助管理者加大管理幅度			
5	监控机制	缺乏有效的监督机制	有良好、彻底的追踪执行工具、机构或人员，可扩大控制层面	如审计部门、审计机制的建立			

序号	因素	管理幅度小	管理幅度大	常见现象举例	诊断结论（管理幅度）		
					合理	偏大	偏小
6	组织文化	公司人情氛围较浓，管理粗放 X理论：认为员工需要加强监督才能有效工作	具有刨根问底的风气与良好制度、文化背景的公司可加大控制 Y理论：假设员工能够自觉认真工作	采取"问责制"来追踪工作成效			
7	需要监管的程度	非常需要。总会出现相当多的问题，需要管理者直接监管	很少需要。员工训练有素，容易在日常工作中做出决定	存在管理幅度大、监控不到位，或管理幅度小、管理过细的问题，影响下属的工作积极性和能力发挥。权利不能下放、下级将问题推给上级			
8	组织给管理者提供的协助数量	很少。管理者要自己负责招聘、培训等事宜	很多。管理者可以从相关职能部门获得专业协助	职能部门专业管理能力薄弱，工作支持程度不高			
	其他						
综合诊断评价							

如何建立理想的工作团队

正所谓千人千面，每个小团队因为组成的人员不同，所以各具特性。这好比大学里的学生宿舍，即便同一个学校、同一个院系专业、同一个班级，但每个宿舍的人群不同，长期共处形成的关系和彼此的影响也不同。

在工作中，每个人、团队管理者和组织，都需要思考如何建立理想的工作团队、成员各自的定位和作用是什么。

个人要与团队匹配

对于个人来说，要寻找匹配的团队，确定自己在团队中的定位。可以通过以下方面来自我评估：

- 你理想的小团队是什么样子的？
- 你曾经参加过怎样的团队？
- 你在团队中的角色和价值是什么？有哪些让你记忆深刻的事情？
- 有哪些因素让你退出了团队？在团队管理方面，有哪些可以让你借鉴之处？

在这个过程中，不断明晰自己的特质和优势，以便更好地匹配适合的团队。

互联网时代，人的个性特征越明显，识别度就越高，就越能够获得更多的资源。

每个人都需要明确并评估自己与众不同的地方，在自己的知识结构、个人底蕴和经验积淀（多年行业经验、不同企业工作经验等）中，寻找自身具有的独特甚至不可替代的优势，如判断自己能否成为具有某项专业技能的人、某个细分领域的专家等。

下面的个人独特优势评估表（表 5-3），有助于我们思考如何挖掘个人的独特优势。

个人独特优势评估包括以下内容。

- 个人形象概述：我是谁？对个人外在形象的描述。
- 自评：个人最有优势的知识、技能与特质，包括个性、兴趣、价值观、能力等。
- 自我解构：将自评的各项结果作为独立项目，深度分析自己能做什么，描述自己是什么样的人。
- 平台资源：把各项优势作为独立项目，寻找合适的平台（组织内部和外部）、团队等进行合作。
- 个人估值：把自己置身于市场环境中，评估自己的价值和变现能力。

表5-3　个人独特优势评估表

基本属性	真实身份
	个人 ID
	个性特征
	……
	……

个人形象概述

自评：列举主要三项帮助你有效完成工作的显性优势（如知识、技能等）

内容	示例

自评：列举其他三项帮助你有效完成工作的隐性优势（如兴趣、个性、能力、价值观等）

内容	示例

自我解构：1. 根据上述自评，按照重要性排序挑选 2 ~ 4 个列入个人规划：知识、技能、个人特质等
**　　　　　2. 试着描述一下自己是什么样的人**
**　　　　　3. 制订短期或长期个人发展计划，强化自己的优势**

内容	行动计划	完成时间

平台资源：个人计划中需要连接哪些组织内部和外部资源或平台？

个人估值：哪些优势可以作为独立项目，实现商业价值？

内容	潜力空间	价格

管理者要明确团队的驱动方向和规则

团队成员目标不一致，价值主张不同，团队管理者自行其是，对团队成员的成长缺乏关注和有效投入……久而久之，团队成员会失去参与团队建设的动力。这样的团队很难产生"1+1>2"的高效驱动力。

因此，对于团队管理者来说，要打造一支能够高效自驱的团队，需要明确团队的驱动方向和规则，包括下列内容：

- 团队的使命和目标是什么？这个团队会走向哪里？
- 如何设计团队的内部角色和分工？
- 如何建立团队成员"端到端"的责任机制？每个人对工作任务、目标、服务等能否进行闭环管理？
- 如何优化团队内部的沟通和决策方式？如何完善资源与信息分享的关系？

管理者还要让团队成员有归属感，形成最佳战斗力。

- 塑造团队价值观，选择价值观一致的人加入团队。
- 在团队组建、人员招聘时，重视成员与团队价值观的匹配度。
- 对团队成员的行为模式进行考察与评价，彼此保持互信，使团队具有凝聚力。

关于组建团队和处理好团队的各种关系，团队管理者需要不断地进行探索。

在这个过程中，团队管理者找准自己的定位，发挥自己在团队中的影响力，并引导团队成员找好各自的位置。

让我们看一个例子。

复星集团是一家多元化企业，董事长郭广昌的性格特质是喜欢抓战略大方向，把技术性、细节性等精确性要求高的工作交给他人。他的个人特质适合领导投资型公司。在投资并购过程中，他把决策权下放给各领域的专业人士，以此形成复星领导团队的风格：大开大合＋专业决策。这也使复星的多元化战略能够做得更广和更深：投资上的多元化和经营上的专业化，最终实现"投资＋稳健经营"的格局。

郭广昌是哲学专业出身，并不擅长某个经营领域的业务。他在团队发展中最大的体会是，一定要学会使用比自己强的人，学会用在某个领域比自己强的专家。在这样的用人理念下，团队互补的优势成为复星的核心竞争力。

很多管理者其实是专业型管理者。这些人往往因为专业工作出色而被提拔到管理岗位，具备足够的专业知识技能，能够独立从事某个领域的专业工作。但是，由于欠缺系统管理能力，他们不能成为整个团队的推动者。

有的销售经理擅长做销售，但培养下属、影响下属的能力不够，不能带动更多下属成长，促进团队稳定发展。

相对专业型管理者，系统型管理者比较缺乏，他们既具备专业知识，又拥有系统管理知识，能协助团队建立完整的流程、标准与制度，并运用系统化的方式构建团队、培养人才，最终让团队的每个人自主发挥作用，而不用事必躬亲。

成为系统型管理者，需要突破本位主义，以全局观进行思考和决策。系统思考能力强的管理者通常具有以下几项指标：

- 思维开阔，不受思维定式的约束，能够在复杂的信息环境中准确地把握决策方向。
- 能够听取他人意见，利用集体智慧启发自己的灵感。
- 能够充分考虑整体与局部的利益，在充分分析有利因素的同时，也能考虑负面情况发生的可能性和应对方案。

如何打造产品创客团队

　　在组建创客团队时，组织者需要灵活地考虑自身的组织特点和需求，让团队在组织中得到支持和成长。同时，对创客团队的管理机制进行创新，使其能够自主发展。

　　例如，一个科技企业的创始人，凭借对市场的洞察、对技术和产品创新的不断追求，带领公司快速成长为细分领域的龙头企业，拥有了很多重量级客户。

　　随着公司规模和市场网络的扩大，创始人认为，仅凭自己的市场感知来把握产品研发方向会滞后于客户需求。此时，公司的研发部门和销售部门已各自占据了公司的半壁江山，变成两大支柱。销售团队主要是单纯地追求销量，更愿意销售好卖的产品，不关心公司的产品战略，不愿意推广新产品。而研发团队没有深入接触一线客户，不了解市场的真实状态。

　　公司的组织结构需要适时转型，打破两个部门各自的壁垒。于是，创始人决定在公司组织架构上，先搭建产品测试团队。从后端的产品开发到前端的销售渠道测试，组成贯穿前端和后端的产品团队。

　　创始人在不改变原有组织架构的基础上，建立起做创新型产品的小团队。团队成员基于用户体验设计产品、预测销量，团队成员精干、互补，有共同的目标。在小团队磨合成熟后，创始人在公司内部推动组织变革。

企业的创新实践模式

现在，很多企业都在努力变革，以用户为导向，提供更具有个性化的产品。在一些企业的前沿实践中，内部横向跨界、外部跨界协同，设立内部试验区，为科技企业的变革提供了色彩缤纷的借鉴。

1. 职能横向跨界

传统企业面临满足消费者的个性化需求和提高企业运营效率之间的矛盾。韩都衣舍的"产品小组制"让其能够快速推出新品，成为快时尚品牌的先锋企业。

产品小组制是以产品线为主导、以职能部门为辅的组织架构。小组围绕产品线建立，从设计部、商品页面团队及对接生产、管理订单的部门中各抽出 1 个人，3 个人组成一个小组。从一款衣服的设计到销售，小组完全独立运营，承担原来由几个部门分别承担的责任。公司职能部门则为产品小组提供支持。

每个小组都是一个小团队，可以发挥自己的创意，掌控产品开发、新品上架、打折促销等运营环节。他们直接根据消费者的体验和反馈，对产品进行改进。

2. 内部和外部协同

EVI（Early Vendor Involvement）意思是"供应商早期介入"，指材料制造商通过介入下游用户产品的早期研发阶段，充分了解用户对原材料的需求，为用户提供更高性能的材料和个性化服务。EVI 的工作理念，是坚持以用户为导向的，发挥产、销、研的协同效应。

宝钢通过 EVI 模式，建立以用户为中心的企业运行机制，从封闭的、内部导向的组织体系转变为以客户为导向、开放式的协作体系。

宝钢与某自主汽车品牌打造白车身就是一个 EVI 合作的成功案例。

在打造白车身的过程中宝钢全面介入并参与整车设计过程，确保整车轻量化、材料利用率高。宝钢 EVI 项目团队提供驻地服务，全程参与研发，最终超出预期取得白车身减重、材料利用率提高、目标成本降低等成绩。

通过前期介入用户研发过程，以市场为导向，宝钢实现了从"以生产为核心的内部导向体系"向"以用户为核心的外部导向体系"的转型。

这种从内到外的跨界合作，也促进了人才、技术的整合，以及知识、经验的深度融合。

利用 EVI 模式可以把汽车、钢铁两个行业的人才、技术、经验和知识等要素更早、更好地结合在一起。用户方的技术总工程师表示，通过与宝钢的合作，加深和拓宽了对钢铁材料的认识，直接影响了最终的效益。宝钢也由此推进了从技术研发到高效运营的目标。

3. 内部创业

《哈佛商业评论》曾刊登一篇文章，名为《在大公司里培养创业家》，记录了通用电气公司如何通过内部创业来加快产品研发速度，以应对中小企业的竞争。

作为一个大公司，通用电气公司以卓越运营为核心文化，力求公司经营稳健合规。但是，新产品的生命周期越来越短，中小型竞争对手的创新速度越来越快。于是，通用电气公司向中小企业学习，增强组织的快速灵活反应能力。

通用电气公司选择在市场周期短的业务领域里建立试验田，鼓励员工在企业内部创业。储能电池业务就是一个成功案例。重型钠盐电池曾经只是应用在通用电气公司混合动力铁路机车上的一种边缘技术，后来公司划拨专项资金，建立专门的创业团队，在这项技术的基础上建立全新的电池业务商业模式，加快了业务发展。

与创新模式配套的管理机制

在组织中成功建立创新小团队，还需要组织者在团队的创新空间、激励和考核、营造鼓励创新的文化氛围等方面提供支持，打破原来的组织体系束缚创新的地方。

在上述案例中，企业根据各自的创新模式探索出了配套的管理机制。

1. 责、权、利统一，对经营结果负责

韩都衣舍的产品小组制将整个产品线的人员组织在一起，成为一个基本核算单元，小组责、权、利统一。小组能够对每款产品的成本、销量等负责，小组提成也会根据毛利率、资金周转率计算。

韩都衣舍赋予创新团队自主管理的责任和权限，给予其创新空间，以针对消费者提供个性化的产品。同时，以小团队为单元来评估和提高运营效率，并落实在评价指标与回报方式上，激发了小团队的工作动力。

2. 以项目制管理联合团队

宝钢通过建立"项目制"来支持 EVI 模式，其中有几个关键点：

（1）与用户建立联合项目组。EVI 强调现场，技术服务人员深入用户现场，根据用户需求，与用户共同组建联合项目组。以用户为中心，而非以领导为中心，产、销、研人员与用户一起做出有竞争力的产品。

（2）项目经理获得授权，贴近现场决策。EVI 联合项目组实施项目经理负责制，而非由领导牵头。这意味着双方都要将权力下放，由身处现场、了解问题的项目团队自主管理，领导只负

责提供支持。

宝钢的技术服务、研发和销售等部门总监构成 EVI 项目的常务理事,协助进行横向整合。EVI 项目组随时可以得到企业平台的高效支持,以保障做出绩效。

(3)项目成员以项目为奋斗目标。EVI 小组由技术服务、营销、研发三类人员构成,项目成员平时分散在各部门。一旦项目成立,EVI 小组就会聚集起来,将项目组作为安身之处,力求共同实现项目目标。

宝钢以项目制为中心,团队人员灵活组建,并通过完整的项目管理机制,引导员工跳出各自的部门属地,以用户为导向,关注用户需求。

3. 形成全员创客文化

通用电气公司在鼓励员工内部创业的同时,也在建立开放式的创新环境。

2010 年,通用电气公司曾经在全球推出"绿色挑战"活动,向中小企业和科研院所征集清洁能源新技术和商业模式创意,从中择优进行奖励、进行股权投资或签订商业合作协议。2011 年,通用电气公司把"绿色挑战"活动引入中国,第一阶段的活动主要是征集燃气能源方面的创意。这个活动共收到 200 多项创意。

通用电气公司也举办员工创新活动,举办了"增长挑战"活动,在公司内部有奖征集新业务发展和内部运营改进方面的创意,培养公司的"创业家"文化。

创新不仅来自组织内部员工，也来自外部的创新思维。组织者通过营造鼓励创新、创业的环境氛围，培养员工的创业者意识。组织文化和思维观念上的变革，是一种深层次的变革。

不仅在产品创新领域，在其他领域，很多企业也存在僵化现象，需要增强对外部市场的适应性。因此，打造创客团队是组织变革的一条重要路径。

用工作坊诊断组织驱动状态

从个人视角、团队视角、组织视角方面评估组织的驱动状态，探讨如何构建组织驱动力。

建议采取"工作坊"的形式，对个人、团队和组织管理做系统的自我梳理与探讨。工作坊的形式如下：

1. 个人自驱力开发

- 自我盘点。

- "360 度"交流：邀请伙伴、上级、同事、客户、粉丝等一起探讨，让他们帮助自己开发自驱力。

2. 团队驱动力工作坊

- 分多次和多个主题进行研讨，确定每期工作坊的讨论主题和参与角色。

- 团队一起研讨，提高个人在团队中的自驱力及团队整体的驱动力。

- 记录并保存每期研讨结果，观察并跟进，确定团队共识。

- 持续改善团队文化，提高驱动力。

3. 组织驱动力工作坊

- 公司自驱力文化建设的研讨交流。

- 公司人才管理驱动机制的研讨交流。

- 公司管理人员驱动能力建设的研讨交流。

第 4 篇

人人自驱——重塑身份，激活自我价值

组织从工业化时代的"机械控制型"向"自驱型"发展。这种发展是持续性的、方向性的，在震荡里不断深化。同样，职场的内部环境也进入创新变革的深水区，这个深水区就是"人"。

VUCA 时代对个人发展的影响

工业化时代的组织因为具有规模与效率优势，取代了农业社会以来的个体生产者。在个体手工业时代，生产一枚别针需要截丝、打磨、弯曲等 18 个环节，这些环节均由一个人完成。一个熟练的老工匠一天最多能做 20 枚别针。工业化时代，通过劳动分工，18 个环节被作为 18 道工序，分别由不同的人来完成，平均每个人能制造 4000 多枚别针。劳动分工使生产效率比原来大大提高。

随着生产的发展，按照业务需要，配置一定数量的管理岗位、后台专业职能岗位，对整个组织进行系统性管理，可保障组织的效率，使组织能够扩张。

进入 21 世纪，随着互联网技术对社会、经济和生活的渗透，市场商业环境呈现出 VUCA 特征，企业经营环境变得更加复杂。

- VUCA：易变性（volatility）、不确定性（uncertainty）、复杂性（complexity）、模糊性（ambiguity）。VUCA 概括了互联网时代商业世界的特征，企业经营面对新的挑战，不确定性增强。

VUCA 时代对个人职业发展也产生了影响。

组织边界重构，以应对复杂挑战，岗位分工具有不确定性

按照岗位的专业分工和生产效率要求，工业化组织设定人员编制，即"定岗定编"，让员工协作，在组织系统内循环生产。

VUCA 时代，企业进行"组织重构"，以应对"复杂性"的挑战。过于固化的岗位职责、责任边界和人员配置，难以应对外部的复杂变化。

组织重构需要打破组织边界，使组织对人才的需求从内部向外部跨越，建立更广泛的"人才供应链"。不求人才为我所有，但求为我所用，这是对"人才供给侧"的重大变革，使企业满足互联网时代对组织效率的要求。

2004 年，宝洁公司就开始了这方面的尝试，将公司的研发技术难题发送到网络平台，瞬间便得到全球 150 万名研发人员的帮助，使公司内部研究中心的"有限智慧"变成了网络上的"无限智慧"。自此，宝洁开始引入众包模式，通过网络引入新技术、新产品、新包装和新工艺，提高公司的研发能力和创新成功率。

职业发展路径不再单一，以个人为中心的灵活性增强

传统的个人职业发展曲线是围绕岗位变化的，在职业周期的各个阶段都有深深的组织烙印，个人的职业兴衰由组织来决定。

职业初入期是"学习投入阶段",个人经过学习,具有初步价值后进入职业成长期,智力得到充分发挥后进入职业成熟期,经过几个阶段的奔跑,再到"价值提高阶段",进入人生收割期,各类职业指标达到峰值(专业权威、资深头衔、高薪待遇、对公司的贡献等),最终进入"稳定的事业平台",开始收割事业(奋斗)红利。但是,现在这个职业终极目标正在被打破,这个"事业平台"上的人群变成职业高危人群。

- 后喻文化:最具传导价值的不再是前辈的知识和经验,而是后辈的创新。
- "佛系中年":守成心态,希望安逸,职业发展不是线性上升路线。
- "能上不能下":职业转换难以向下进行,每个层级都有自己的核心价值,高层级的人不一定能做低层级的工作。而且,面临和更低层级等待晋升的人竞争的状况。
- 薪酬福利缩水:自身性价比下降,人工成本和创造的价值日渐背离,影响薪酬福利的定位。
- 个人形象模糊:失去岗位和头衔后,缺乏能展现自己特点的个人身份。

VUCA 时代,环境的复杂性、易变性和不确定性等特点导致岗位分工和职业发展失去恒常性,以个人为中心的职业灵活性增加。同时,知识技能快速迭代、年龄危机等职业危机现象让越来越多的职场人产生了重新塑造自己的紧迫需求，开始规划自己的人生，职业方向也从原来相对稳定、单一的方式，向更多元化发展。

- 通过斜杠身份，在互联网平台上进行自我开发，重塑个人能力，提高自己的职业安全感、幸福感等。
- 开始考虑横向跨界，培养职业转换能力，拓宽自己的职业生涯。
- 尝试更加灵活的工作方式，增加独立经营的经验和收入来源，摆脱对企业的依赖；并通过尝试新的工作方式，拓展个人视野和资源。
- "平台＋个人"的发展模式与"去雇佣"趋势，使组织、个人和人力资源管理机制都在面临转型。

美世咨询公司发布的《2018 年全球人才趋势研究——在人才时代加速成长》显示：2018 年，几乎所有中国公司都将创新列为工作重心，纷纷进行变革，范围之广令人震惊。与此同时，员工也在寻求工作与生活之间的平衡，一半以上的员工希望有更灵活的工作方式。

灵活性不仅意味着人们可以随时随地工作，还意味着工作内容、工作方式的变化。

总体来看，在不确定性的环境下，职场人要经历从依托稳定的工作岗位向以个人为中心转变。职场自主人对自己的"时间"和"经历"的经营是非常重要的，会直接影响下一次选择机会。

在时间轴上，不断创造个人价值，完成对个人形象的塑造。传统的按照 3 年、5 年、10 年等时间节点进行职业周期规划的节奏被打破，对应的是以自我价值为核心，引导自己的发展轨迹，避免整天陷入事务性的工作中，碌碌无为。

在场景轴上，不断创造关键经历，发现自身的核心优势，实现积累式发展。在个人经历线上，围绕自己的优势领域建立一座座为自己赋能的"蓄水池"。

经过这些步骤，最终实现对个人身份的自定义。

第 6 章

职业斜杠组合：多重身份设计

2019 年，知识问答平台"知乎"举办了一次线下交流会，邀请知乎 LIVE 音频课、知乎电子书等知乎平台的内容创作者参加。在签到的时候，每个人要登记在知乎上注册的 ID 名，这是知乎官方认证的个人身份，也是登录平台的入口。

活动开始后，所有人围坐在一起，依次介绍自己的知乎 ID 和在知乎平台上的创作经历。这些内容创作者几乎来自各行各业，有房地产公司、证券投资公司的专业人士，也有旅游网站创始人、企业研发人员、IT 工程师，还有肛肠科医生、法医，以及自由摄影师等。

大家用第二身份聚集在一起，在本职工作之外分享自己的知识技能和经验。在知乎上创造较大流量和热度的知识"大牛"还分享了创作与运营经验。

这是一次非常奇妙的分享体验。与工作时间内不同的是，大家探讨的不再是完成具体的工作任务，而是不断输出优质内容，探索在某个细分领域里深耕，以期达到引领他人认知的效果。

当主持人建议大家一起建微信群、互加微信时，法医开玩笑地说："如果有人要加我，就有问题了……"那个时刻，很多人看向法医的眼神都流露出了对法医职业及其见解的兴趣。

斜杠是一个人自身身份的裂变。这些变化的核心是：一个人可以根据自己的兴趣、特长和资源、意愿等，建立自己的新身份，实现对自我才能的更多挖掘与展示。

一条条职业斜杠展现出一个人的多重身份、多重职业。咨询师 / 旅游杂志撰稿人 / 图书评论员 / 公司副总裁 / 管理顾问 / 项目策

划 / 投后管理……斜杠已经成为越来越多职场人的标签和名片。

2007 年，《纽约时报》专栏作家玛西·埃尔博尔表示，"多重职业"将成为全球趋势。越来越多的人在自我介绍时会使用"斜杠"来区分不同的职业。时至今日，这种趋势已经日渐明显。

斜杠表示一种"并列选项"。不过，对斜杠身份的构建也存在一种误区，即罗列很多标签，似乎越多越有价值，列出十几条斜杠的现象也并不少见。但是，杂乱无章地画杠，没有多大意义，不如找到自己的重点身份去有序经营。

斜杠后面的选项设计成为一门新的学问。下文介绍的几种组合方式可以帮助我们思考自己的斜杠组成策略，以更精确地展现和发展自己。

主业 + 副业，助力财富自由

"主业 + 副业"组合，即用主业保生存，用副业求发展。主业是自己的根，让内心有稳定感和归属感，以及保持生活和收入的平衡。副业常常是基于兴趣与爱好，或基于自己的特长，发展个人优势。

例如，有的人非常擅长"收纳整理"，通过钻研"收纳"，成为收纳达人，把"整理"变成一项可以普惠他人的专业技能，并获取收入。不同于"工资性收入"，它没有"封顶"限制，可以激励一个人把自己的优势打磨得更好，常常具有很强的激励效果和自我成就感。

主业和副业的组合也会随着各自的发展而变化。例如，当副业的发展超过主业，或主业衰落时，有的人就会将副业当作主业。此消彼长，换种方式作战，亦可再次成为赢家。

很多斜杠是基于主业延伸出来的，例如"内容生产者"。一个人在长期单一重复的工作任务和业务场景中，知识和想法缺乏激活的源泉。此时需要通过建立新的斜杠身份，把核心知识技能迁移到更多的应用领域里。

一个企业的"组织发展总监"，他的职责是要推动公司的组织变革。但是，组织变革这项工作往往实施周期比较长，影响企业全盘布局。如果想积累更多的实践经验，通过单一的职业经历很难实现。于是，他建立了个人公众号，通过自媒体形式，在知识平台上分享在这个细分领域的知识和经验，和他人交流，拓宽自己的专业视野。

"主业＋副业"组合有根基，有枝蔓，身份有层次，发展有空间。

这也是对人的能力的一种挖掘。在心理学中，对能力的定义不仅指人们在某项任务或活动中表现出的水平，还包括个体具有的潜力。从这个层面说，主业是人现有的水平，斜杠是"X"，代表潜力和可能性。

斜杠常常是由兴趣开始的，与主业有所区分，是一个人新的标签。但是，浅尝辄止或断断续续地对某领域关注只能算是爱好，并不能称之为斜杠。

从特质出发，打造斜杠青年

　　每个人都有自己的特质，但很多人不知道，特质也分为主要特质和辅助特质。那么，什么是主要特质，什么又是辅助特质呢？

　　例如，一个主要特质是"事务协调者"的办公室主任，发展出来的第一条斜杠（辅助特质）是"运动达人"。他就像一个弹簧，工作时间是压缩的状态，惯于察言观色，高度自控，业余时间则变为弹开的状态，勇于表现自我，充满活力，成为运动达人。

　　延伸来看，这也是"大脑＋身体"的组合，这种模式让人在脑力劳动和体力劳动之间切换，保持身心平衡。

　　正如人格特质一样，一个完整、健康、独立的人格，是由多方面因素组成的。在身心发展的过程中，人们会出现各种矛盾或冲突，这是正常现象。为了使身心恢复平衡，人们会寻找各种解决方式。例如，一个管理很多孩子的幼儿园老师，回家后更倾向于安静的状态；而在安静的办公室工作了一天的人，下班后往往喜欢放音乐兴奋一下。这种调节方式可以维持生理激活的最佳水平。上面讲的办公室主任变身为运动达人，就是一个很形象的例子。

　　但不是所有的办公室主任都会向运动达人的方向发展，因为一个人身上不同的特质会导致不同的行为。

根据奥尔波特的特质理论，每个个体都有特质，这些特质往往是合成的。

- 首要特质：一个人最典型、最有概括性的特质，影响一个人各方面的行为。例如，林黛玉多愁善感、王熙凤泼辣精明。
- 中心特质：代表一个人个性的重要特征。围绕一个人的首要特质，通常可以引申和细化出几个中心特质，一般有 5 ～ 10 个。例如，林黛玉还有率真、聪慧、内向、孤僻等特质。
- 次要特质：一个人较为隐性的特质，往往只有在特殊情况下才会表现出来，通常只有亲近的人才知道。

我们可以直观地感受到一个人的首要特质，随着对其了解程度的加深，又会逐步发现其中心特质；而一个人的次要特质是海面下的沟谷，不容易被察觉，甚至有些特质连其自身也不完全了解。如果能够发现并合理利用自己的特质，对自我价值的提高是有益的。"斜杠思维"也是对自我完整特质的挖掘，对不同特质的经营，一个人能从中收获自信。

左手工作，右手兴趣

什么是"专业素质＋人文素质"组合？

例如，产品经理／作家，就是理性设计（专业素质）与人文艺术（人文素质）的组合。

乔布斯是世界著名的产品经理，唯美主义和人文关怀体现在他对产品的极致追求上。他对产品的美学要求超过对功能的要求。他先看产品的外观，然后再看工程设计，如果前者达不到审美要求，后者再好也要返工。为了提高自己的审美认知和品位，他曾经参加世界设计大会，学习意大利的审美思潮，聘请德国的工业设计大师。

延伸来看，这也是"左脑＋右脑"的组合，这是一种理性思维和创造性思维共同发展的模式。

随着人工智能的发展，依靠左脑进行的很多工作将被取代，这些工作被简化成用软件程序来实现的标准化作业。人的"右脑能力"变得更加重要。左脑代表的是逻辑和线性思维、顺序组合、分析判断，偏重理性思维，而右脑代表的是非线性思维、直觉判断和全局把控（系统思考），偏重感性思维。理性思维与感性思维相结合，能够使一个人提高对情境的理解。

　　在专业能力之外，一个人可以有意识地培养自己的"通识能力"，成为具有"复合型"知识结构的人才。

　　斜杠身份的多样性特点，为职场人带来了花样人生：让职场人在职场生活中更活跃，同时感受到多种人生价值；打开一个人认知的多样性，有助于建立新的思维格局；一边实践，一边发展，探索更多适合自己和自己喜爱的职业路径。

自我练习

每个人都会置身于外部环境的变化中，如同温水煮青蛙，或早或晚会感知到变化的来临，与其被动适应变化，不如与时俱进，主动开发自己。

（1）我的斜杠身份是什么（A/B/C……）？在斜杠身份形成的过程中，我是如何取舍的？

（2）每条斜杠代表什么含义，对自己产生了哪些影响？如何去经营自己？

第 7 章

做自由灵活的职场跨界者

如何横向规划职业生涯

个人在组织里的职业发展，在纵向上有管理和专业两条大线的晋升路径——根据个人能力水平的提高和绩效表现，沿着从初级、中级到高级的职业等级在某个专业领域内纵深发展；在横向上可以向多个领域跨界发展，如图7-1所示。

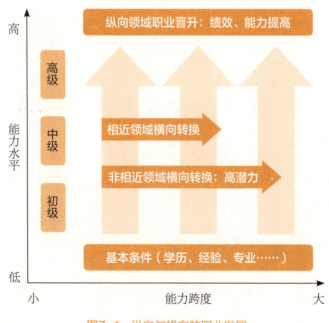

图7-1 纵向与横向的职业发展

考察一个人是否适合做横向转换，可以在知识、技能、经验和个人的胜任素质等之间进行权衡。

在相近的工作领域之间转换，可以参照个人过往的经验和绩效，工作经验具有可借鉴性。例如，从技术工程师向运营岗位转换，前者对产品和技术有深入理解，对分析公司的运营管理有所帮助，两个工作的相关性高。低级别的员工在横向转换时，组织往往侧重于对其知识、技能等显性能力的考察，知识技能的达标率可以控制在 60% 以上；对高级别员工，组织更侧重于对其胜任素质等隐性素质方面的考察。

在非相关工作领域之间转换，两者的知识技能相关度低，这个时候更侧重考察人的胜任素质，挖掘有发展潜质的人。例如，从技术岗位转换到人力资源管理岗位，更需要判断个人的兴趣、特质是否适合，如人际沟通协调能力。而新领域的知识技能可以通过个人自主学习和组织培训来获得，可以适当降低对专业知识技能的要求。知识技能的达标率可以占 20%，胜任素质占 80%。高级别员工需要向公司职业管理委员会述职，该委员会对其综合素质和个人经历、职业目标等进行考察。

工作领域发生跨界，原有的知识结构需要补充完善或重新规划，需要经营的人脉资源也要发生变化。

例如，在互联网行业工作五年以上的初级技术工程师，精力、体力可能都不如年轻人，就会有转型的压力和迫切感。

谷歌公司的吴军对技术工程师的转型指出了 5 个方向。

（1）做产品经理。技术工程师转行做产品经理是比较常见的一种转型方式。产品经理需要有聚集团队的能力以及时刻面向用户的体验。工程师需要补充团队管理技能、人文素养等能力素质。

（2）做技术销售。在中国，技术销售是一个新领域，不再只是依靠销售技巧、关系维护，而是谁能把事情讲清楚，就能获得客户。例如，在英特尔公司，半导体销售基本上都是技术销售，由研究半导体的专业人员负责，他们能够将产品特性以更专业的方式传达给客户。在中国，对技术工程师来说，这是一个新的机会。

技术销售工作能发挥工程师的技术专长，能比销售人员对产品的介绍更深入，并且能和用户产生深层次互动。但是，在"技术销售"这个名称中，"技术"是定语，"销售"才是主语。销售是外向型工作，负责这一工作的工程师需要提高人际沟通、商业运作等方面的能力。

（3）成为管理者。在做技术工作力不从心的时候，技术工程师还可以选择做管理工作，或者创业。其核心能力将从专业能力转向管理能力，不再是在电脑前编程序和搞研发。

（4）转型做投资人。很多投资人都是技术工程师出身，而投资是风险和收益并存的。投资人要能承受不确定性，要培养自己的商业嗅觉。

有的技术工程师建议，如果未来的人生方向是创业，那么在从事技术开发工作期间，就应该尽可能争取一些从事项目管理的机会，通过项目积累人脉和资源，多接触其他投资人，而不是一头扎在技术里。

（5）转型做咨询顾问或职业讲师。技术工程师往往是在某个企业从事某方面的工作，但咨询顾问或讲师却要面向多个企业客户。所以，这个方向的工作需要一个人不断学习和接触新知识、新技术，提高项目管理、培训管理和知识管理等方面的能力。

具有多领域思维和职业体验的人，被称为"跨界者"。跨界者能够在不同的领域穿梭，甚至游刃有余。他们在跨界过程中获取丰富的体验，获得机遇，能够快速发展。

"跨界"已经成为一种现象级的个人发展策略，跨界者在微观、中观和宏观层面具有不同的表现。

（1）微观层面：很多跨界者在某一领域专精后继续扩展自己的能力边界。

（2）中观层面：通过接受通识教育、培养可迁移的能力，建立与外部市场互联的能力，为跨界遨游插上翅膀。

（3）宏观层面：具有全局性思维，明确跨界发展的方向和路径。

企业可以通过以下措施帮助员工制订职业转型计划。

建立"轮岗制度"，推动人才在内部流动。这样既使员工了解和学习新知识和技能的机会增加，保持工作新鲜感，激活工作状态，又有助于人才储备，发现高潜力人才，培养复合型人才。

推动企业内部市场化改革，让员工根据个人兴趣和优势更广泛地横向发展。组织可以由此发掘具有高成长潜力的人才。

对于横向职业转换，企业要从制度上减少障碍，给予员工更多的选择机会和发展空间。

如何把固定的工作变成灵活的任务

在组织里，每个人对自我价值的追求都在不断增强。从组织发展的趋势来看，稳定的组织结构需要变得更灵活，固定的岗位职责需要变得更有弹性，以让个人在组织里有更大的施展空间。

将工作任务化（见图 7-2）可以使组织更具灵活性。将工作分成一个个的任务，选择适合的人来完成；或建立项目，组建项目团队来完成任务。

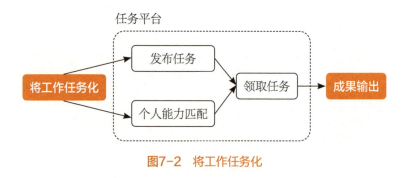

图7-2　将工作任务化

任务由组织发布，员工自由竞争

组织发布任务，一方面能提高各项任务资源的使用效率，另一方面能让员工获得平等参与的机会。

例如，京东搭建的内部任务市场，由前台将客户需求分解成任务，通过任务管理平台开放给公司内所有的人。因为任务通常不是一个人能完成的，员工可以跨越部门界限，在公司范围内自由组团、竞争、领取并完成任务，获得相应的评价和奖励，实现对每个任务的闭环管理。

组织也可以采取众包模式向外部开放任务，使组织更加平台化，具有开放性。

宝洁公司将内部任务以"技术概要、问题概要、挑战概要"等不同形式在互联网上对外发布，不暴露产品细节，只是阐述宝洁期望达到的任务效果。个人根据这些概要来判断自己是否有相应的能力来承接相关项目或提供解决方案。

工作任务化的要求是：任务要与角色匹配。按照任务（或项目）的目标、需求、工作方式、成本等进行规划，评估完成任务所需的各类角色、各自承担的责任、投入的时间、产出的成果等要求。员工根据自己的条件和角色要求来决定是否申请任务，如根据个人的时间和经验来选择适合的任务类型和角色，获得相应的收入。

项目经验值大的人（例如，在工作难度方面，参与复杂度和难度高、规模大的项目；在工作量方面，参与的项目数量多）更容易获得好的项目，获得好的资源。通过每次任务评价，个人能够获得快速的绩效反馈，及时了解个人的优势和劣势，进行差距分析，滚动制订学习成长计划。

组织可以建立帮助员工职业发展的培训资源池，提供知识技能、操作案例、适合的导师等，供员工选择。同时，组织建立人才资源池，建立员工个人信息档案，促进员工流动。

任务由员工自己提出，组织进行评估和立项

员工提出任务，组织进行评估，决定是否立项。这样做，一方面能激发员工创意，吸纳集体智慧；另一方面能提高员工主动创新的积极性。

GXG 公司每年组织全体员工进行头脑风暴活动，对公司新业务或原有业务发展提出设想，成立"创新实验室"，而每个人都是创意提出人。公司的很多"新点子"都是通过这种方式孕育出来的。

公司对创意项目、项目负责人、项目风险点等进行评估和提出建议。通过立项的"新点子"，公司将给予资金支持。所需资金低于一定金额的项目，可以由项目团队自己设计运行机制，如确定办公方式等；超过一定金额后，公司会给予更多的关注。

组织可以将任务或项目分级，进行分类管理：抓好大项目，以提高成功率，放活小项目，以激发员工活力。

大项目包括战略发展重点、业绩提高、品牌升级、产品研发等项目。

对于常规化项目，组织可以通过加强项目的标准化建设，保障项目运作。

对于非关键性项目，组织可以将其作为培养人才的任务，或让有一定项目经验的员工做项目负责人，为其承接更重要的项目

做技能和经验的储备。

对于公司内部的临时任务、来自客户的任务等，可以通过公司平台发布，快速、充分地调动人才资源，组建任务团队。

组织对项目进行分级、分类管理，也有助于更好地进行人才管理，不断增强员工的任务导向。

例如，万科GTVK任务模式（见图7-3）将组织结构从传统的"领导命令型"转变为"任务导向型"。

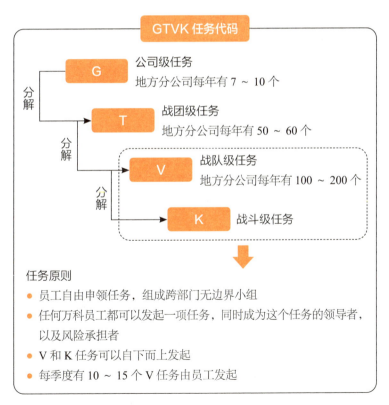

图7-3 万科GTVK任务模式

万科将管理层级从 5 级减少为 2 级，即"任务负责人—团队成员"两级架构，向一线授权，试行 GTVK 任务导向变革。每季度通过战略解码会，将公司战略分解成公司级（G）、战团级（T）、战队级（V）、战斗级（K）任务，每位员工均可自愿提出和申领任务，并作为任务团队负责人，组建跨功能战队。任何同事，不论职位高低，均有可能成为战队的合伙人。这种 GTVK 模式有助于发挥小团队的优势，激活员工的主导意识。

[延伸阅读] 工作方式与协作的变化趋势

人力资源专家塔米·埃里克森指出组织变革带来的工作方式的变化。

1. 工作的组织方式：以任务为导向

以项目或任务为基础组织工作以后，薪酬与项目挂钩，项目组自行决定是否需要在某个时候集中办公。

有的企业实行项目包干模式，项目组可以自行决定项目收益的分配，激发项目团队的积极性，自主思考如何提高工作质量、降低成本、提高人员收入等。

2. 工作的整合：实时协作

雇主按照具体工作任务的需求寻找有合适资质的人。实时、按需协同工作的方式将改变许多业务流程。协作成本越来越低，意味着公司越来越不需要占有资源，包括聘请全职员工。

如何建立个人价值积分账户

研究互联网技术的美国作家克莱·舍基在《人人时代》一书中预言，人类社会将进入"人人时代"，每个人都个人为单位，每个人的价值都会得到体现。

美世咨询公司的研究表明，1/3 的员工在工作中感觉不到能够创造属于自己的成功职业生涯。员工希望组织能帮助自己"自我投资"，驱动职业发展。

如何建立价值积分账户，全方位、持续性地评估与量化人力价值

积分账户是对每个人的能力、行为和绩效表现等进行全方位的量化管理，记录每个人的成长变化和贡献。组织从"人人都是人才"的角度，对员工进行个性化管理，让员工主动关注自己各方面的价值。

体现个人价值的积分要素，包括基本条件、个人成长、工作业绩、行为及突出贡献等方面。

根据重要性和积分导向，不同的积分要素具有不同的权重。

例如，组织希望改变员工的学历结构，引入高学历人才，在"学历"要素里高学历的权重就可以设计得高一些；组织希望激励员工在工作实践中成长，"成长"要素的权重就可以比"学历"设计得高一些。

每个积分要素有不同的评分等级或标准，对应不同的分值。例如，专业技能水平，根据初级、中级、高级等不同的技能等级，赋予不同的分值，技能水平越高的员工获得的分值越高。推动员工努力工作，让自己不断走向价值高地。

每个人的积分结果，可以与个人的职业晋升、调薪、奖金、福利等挂钩。例如，有的企业规定，如果员工承担了重大项目且成功完成，已达到跨职级的晋级积分标准，就可以获得跨级晋升。

积分结果可以形象地显示出来，如不同等级的积分对应不同类别的"徽章"，提高个人成就感。表 7-1 是一个个人价值积分的示例。

惠普曾经建立了员工"e-award"（电子奖项记录）机制，鼓励员工展现"与直接业绩无关"的正面行为，包括团队精神、领导能力、诚信或对内部和谐、经营效率、企业形象及文化有贡献的行为等，并用与众不同的成就感代替酬劳。

积分管理要有"能上能下"的机制，有晋级就有降级。个人需要避免违规等错误行为，主动约束与组织价值观冲突的行为，加强个人行为管理。个人行为管理不仅体现在一个企业里，还体现在一个人的社会行为中。因此，如果有员工出现不当的公共行为表现，也会被组织纳入对员工的管理记录中。

表7-1 个人价值积分（示例）

积分维度	积分要素	权重/分值	说　明
基本条件	年龄		体现个人基本素质
	工作经验（专业、行业、项目、特殊经验等）		
	学历（大专、本科、硕士、博士等）		
	专业		
成长积分	知识（专业知识、公司知识、行业知识）		体现个人成长积累
	技能（专业技能、通用技能）		
	能力素质/态度		
	资质证书、论文、专利成果等		
	培训（参与培训、培训输出、知识总结）		
	团队建设与人才培养		
业绩积分	绩效考核结果		体现个人绩效表现
文化积分	关键行为（正向，负向）		体现价值观和行为规范、个人信用等
重大事件	奖项、荣誉称号等		体现突破性、创新性贡献

　　人是企业最重要的资本。每个组织通过长期的人力价值积累，会形成各自的人力资源和特点。

如何观察和量化评估组织的人力资本

表 7-2 是基于"个体价值账户"要素设定的组织人力资本价值评估表。

表7-2 组织人力资本价值评估表（示例）

评估要素	标准值	实际评分	数据来源	其 他
学　　　历				
工 作 年 限				
身 体 素 质				
心 理 素 质				
能 力 素 质				
轮岗 / 晋升				
工 作 绩 效				
培训和学习				

学历、工作年限（经验）、身体素质、心理素质（如坚韧、诚实、正直等）、能力素质（如管理能力、创新能力、团队协作能力、学习能力等）、轮岗 / 晋升（有价值的经历等）、工作绩效（工作输出）、培训和学习等。

公司为每个价值要素设定适宜的标准值，将不同时期的人力资本的个体价值与公司设定的标准值对比，统计分析企业人力资本总价值的变化。例如，"年龄与最佳创造力阶段"，对于 IT 等创新度较高的领域，确定这个适宜值就显得非常关键。

对人力资本价值进行分析，能帮助企业进行人力资源管理决策。例如，"年龄与工作经验"。有些企业裁员按照年龄搞"一刀切"，把工作经验丰富的员工统一裁掉，看起来降低了人工成本，但实际上降低了企业的人力资本价值。

通过分析人的需求、个性特征、情感变化等信息，能了解员工诉求与期望，制定更人性化、更有针对性的政策。

如果把管理对象看作人，那么组织里的每个人都是独特的、有差异性的。当组织扼杀个人的个性与创造力时，组织成员就可能选择离开，因为个体价值在崛起。

如何量化评估组织的人力资本

个体价值账户的建立，意味着公司更重视每个人的成长和贡献，企业的价值取决于员工个体价值的释放度。

惠普大中华区总裁孙振耀在退休感言里总结自己的人生履历时说："人生的曲线应该是曲折向上的，偶尔会遇到低谷，但大趋势是曲折向上的，而不是像脉冲波一样每每回到起点……基本上，35岁以前，我们的生存资本靠打拼，35岁以后，生存资本靠的就是积累，这种积累包括人际关系、经验、人脉、口碑……"

这段退休感言其实有两个核心点：

（1）人生要不断向自己的价值账户充值。

（2）这种充值，不仅是知识、经验、技能等智力资本，还有自我意识、雄心抱负、适应力、忠诚度等情感资本，以及人脉资源等社会资本。

所以，实现个人账户的价值最大化，并不是简单地对各个要素评分后将其叠加，更重要的是将其激活。

《热点定律》的作者琳达·格拉顿曾经在伦敦商学院用十年的时间研究智力资本，发现智力资本是人力潜能的一个关键方面。当分享知识和信息并想到可以从别人那里学到东西时，人会变得充满活力、激动不已。

仅有智力资本是不够的。人的活力的消长，同样可能是由情感资本引起的。

然而，潜在的活力并非所有人的智力资本和情感资本的简单相加。令人激动的、成熟的、高质量的合作关系，为激发活力、形成创新提供了动力。

所以，智力资本、情感资本、社会资本三个方面结合起来，就组成了一个人力资本三角形（见图 7-4）。当这三个方面形成一个相互强化的循环时，人的活力就会出现。

图7-4　人力资本三角形

解码智力资本

智力资本是企业智力的集合体，包括知识、经验、专业技能等。

企业要开发员工的智力资本，首先要了解企业本身的智力资本状况，同时还要进行评估，确定智力资本存量的价值。

国外一些企业已经采用智力资本报告的形式，对企业智力资本进行识别、测量和评估。

世界上第一份公开的智力资本年度报告，是瑞典斯堪的亚公共保险有限公司在 1995 年 5 月发布的。

副总经理兼首席智力资本主管埃德温松，对该公司的智力资本状况进行了全面分析和评估，并将其作为传统年度财务报告的补充。这个智力资本模型及其实践被认为是工业经济时代向知识经济时代转变的一个重要里程碑。

埃德温松在斯堪的亚公共保险有限公司内部创建了一个基于客户、程序、开发、人力资源和财务等方面信息的智力资本报告模型。例如，某部门专门负责监控工作程序方面智力资本的价值，即行政办事效率，它以电话接通率和行政经费作为控制指标，监控和了解企业的智力资本是在增长还是在减少。

根据特点不同，人力资本可被细分为以客户管理为中心、以工作程序管理为中心和以研究与开发为中心的不同方面的人力资本。

连接情感资本

情感资本包括自我意识、个人抱负、勇气、诚信度、适应力等，以及信念、价值观等隐性资源，是点燃智力资本的燃料。

互联网时代，员工能自由地表达自身的情感变化和价值诉求，甚至成为各个员工社群中的意见领袖，引导群体达成共识。企业需要意识到这种变化，建立同员工的情感连接。

员工头脑中的知识只有在有意付出的时候才能为企业创造价值，激活企业智力资本。

这倒逼管理者变为"人性管理师"，调动组织内的情感资本，让员工成为企业的粉丝，而不是单纯强调组织的标准化管理规则和绩效考核。

一个传统行业的营销人员，在公司向线上电商转型的新的商业模式下要有互联网思维，并能把这种思维模式传递给经销商，使经销商与销售人员的思维同步，使企业转型成功。

这种思维转型很难通过给销售人员下达考核指标来完成，它需要销售人员发自内心地理解、认同这种转型价值。营销总监在内部营造互联网氛围，扁平化管理各个区域的销售员。大家平等交流，互相激励，使销售队伍不断刷新业绩。

情感资本也包含隐性资源，例如"信念""价值观"，它们指向员工的内心，又外显在工作上。

现在，很多企业在向"互联网＋"转型，颠覆传统组织管理模式，推行倒金字塔型管理模式，让距离市场和客户最近的一线员工决策。让员工决策、自组织管理，关键是要让员工认同企业的价值观，并将其传递给用户，让用户拥有对企业产品和服务的情感体验。

情感需要往往会被忽视。企业即使满足员工物质需要，但没有满足其情感需要，效果也会大相径庭。当"95后""00后"带着激情和鲜明的个性大举步入职场时，组织做好准备去激发他们的情感资本了吗？

构建社会资本池

社会资本蕴含于个人网络、企业网络、社会网络之中，并长期集聚声誉、人脉、口碑等价值指标。

根据世界银行社会资本协会的界定，广义的社会资本是指政府和市民社会为一个组织的相互利益而采取的集体行动，组织可以小至一个家庭，大至一个国家。

"六度人脉"理论指出，地球上所有的人都可以通过六层以内的熟人链和任何其他人联系起来。互联网时代，这个网络已经被广泛编织起来，从个人网络到企业网络、社会网络，社会资本均蕴含其中。利用社会资本网络，人们提高自己的声誉、人脉、口碑等价值指标。

企业内部的社会资本是员工个人或部门拥有的社会资本为组织带来的价值。企业不仅需要考虑员工的短期表现和薪酬激励，还需要考虑把员工作为内部社会资本来培育，发掘其潜在价值。企业从股东价值优先，转向人力资本价值和客户价值优先，使人力资本也能参与利润分配。

因此，设立人力资本合伙人、利用股权激励等人才管理模式，在互联网时代得到发展和创新。例如，海尔集团提出的"让人人成为CEO"、万科的"项目跟投合伙人模式"。

社会资本通过人与人之间的合作提高了组织整合度，也使企业与员工的关系不再是简单的雇佣关系。

构建社会资本池，能在组织内部建立合作文化，建立信用、责任感，树立口碑，把让员工严守制度升级为恪守价值观和契约精神。

对人力资本价值的分析，有助于企业进行人力资源管理决策。在人人互联互通的时代，信息对称和零距离沟通使人力资本的活力能够得到最大的激发。